U0008377

和父親打一場高爾夫

尋回失落的家庭記憶，
史丹佛心理學家的重啟人生之旅

威廉・戴蒙 著
William Damon

李伊婷 譯

A Round of Golf with My Father

The New Psychology of Exploring Your Past to Make Peace with Your Present

獻給

傑西、瑪麗亞、卡洛琳和伊薩克

目次

序——改變人生的那通電話

「爸，我不確定是不是該跟你說這些。」

某天下午，我坐在加州的辦公室裡，接到女兒瑪麗亞打來的電話。她的聲音裡有絲不尋常的猶豫。

瑪麗亞是一位熱情洋溢、跑遍世界的年輕經濟學家，當時正在南非開普敦進行一場教學任務。那天晚上，她因為時差整晚沒睡，便索性在網路上搜尋查找一些「家庭資料」——它們可能會引起我的興趣，也或許會讓我感到難過，她不確定就是了。但是她發現到的消息實在太奇特了，真的很想與我分享。最後，她猜想我應該可以承受。

在那通重要的電話中，我的女兒讓我認識了我的父親。

在開普敦那個睡不著的夜晚，瑪麗亞對她未曾相識的祖父感到好奇。這個男人也是我未曾謀面的父親，但奇怪的是，我從來沒有像瑪麗亞那樣好奇，也不感興趣。我從未對此感到奇怪，但現在對我來說，這似乎像個難以理解的謎。事實證明，瑪麗亞的電話揭開了許多謎團，它長期以來埋藏在家庭的緘默中，從我小時候就一直圍繞著我。她打開了我家族歷史中那扇長期上鎖的密室大門，而我聚精會神地聽著。

她是對的：我確實可以承受這件事，沒有感到難過。事實上，瑪麗亞在網路上的發現讓我既好奇又興奮，這是我們倆皆始料未及的。她所揭露的東西讓我開啟了自己長達十年的探索之旅，讓我對我自己和我的生命軌跡有了新的體認。它引發了一個反思的過程，幫助我正確地看待自己所做的選擇，也令我更清楚地思考在眼前的選項。

我沒有機會認識我父親，也不可能這麼做。當瑪麗亞「找到」他時，他已經去世二十年了，在此之前，我並不知道關於他的任何事情。但由於瑪麗亞的那通電話，我初次認識到父親這個人——一個我可以在古老黑白照片中凝視的身影，一個我可以調查的人生故事，一種我可以進行探索、分析的人格特質（並與我自己的相比較）。此外，我還得以去探訪一些在世的朋友和親戚。

我已活了六十多年，沒有見過一張他的照片。作為一個沒有父親的孩子，我找了替代的形象來引導自己度過迷惘和渴望的成長階段。這個當事人徹底消失在我的生命中，而今，經過了這麼多年，我終於可以一睹這個人的真實面目。他是怎麼樣的人？他發生過什麼事？一生又做過什麼？

上大學前，我對父親的了解只有「在二戰中失蹤」，以為他是在某個無名的歐洲戰場上陣亡的。後來，在我念大學期間，從與母親一次簡短談話中，我聽到了一些神秘的訊息。但當時，不管聽出了什麼，我都沒興趣去追查任何關於我失蹤父親的消息。我全神貫注在我的課業，接著是我的事業，然後是我自己建立的家庭。這些會觸動情緒的資訊一點都不能令我分神。顯然，它們都是關於那個打從我一出生就拋棄我和我母親的男人。

因此，關於我父親參戰後的遭遇，我幾乎一無所知，除了他在這世上留下的一個顯而易見的記號——讓我母親懷孕。雖然，這件事的緣由對我和我的孩子來說也是重要的，但它就像我父親故事的其他部分一樣，仍然是個謎。

接到瑪麗亞的電話時，我並不知道這會帶我踏上一段旅程：這段從加州到開普敦的旅行，感覺就像漫步在街區一樣。事實證明，這趟旅程讓我回到童年時代，然後更深入地踏入二十世紀及存在於其中的偉大事件。我父親的失蹤，除了對我的人生產生深切影響外，還與二戰、冷戰、六〇年代民權運動中的傳奇故事密切相關，甚至還牽涉到戰後美國在世界各地促進民主的外交任務。就像所有的生命一樣，我的人生也是由我所經歷的歷史時期所形塑的。現在，我還有一個更深刻的主題要研究：我父親的人生如何反映了他所經歷的時代，以及他如何以微小但重要的方式做出了貢獻。

這一切都動搖了我對自己生命軌跡的認知。我開始重新思考我從哪裡來、如何抵達這裡，以及為何做出造就今日之我的選擇。我有一種預感，這樣的思索也許會引導我走向未來的路途。理解我的根源，便能對自己的未來有更清晰的掌握。填補我身分認同中空白已久的面向，就有機會來發展出各種方式，以實現我長期以來所珍視的目的。

如果沒有某種自我審視的方法，我無法做到這一切。我正著手進行一項認真的探索，而我知道，如果我太隨便或隨意地應對與處理，就不會有太大進展。要重建我父親的人生、探索過去，需要翻查舊檔案、訪問還在世的朋友和親戚。我不是專業的歷史學家，雖然投入許多努力去整理，但仍然有不足之處。這項任務我看重的另一個層面是心理上的，也就是用這些發現來建構轉化人生的新觀點、新目標及新方向。我的專業是終生發展心理學（Life-span development psychology），所以能運用相關的知識，在研究和寫作依據自己的具體情況和需求，我改動了一般常見的生命回顧法。我並不主張以科學抽樣這般嚴格並有系統的方式，來實踐或複製這個方法。事實上，我的研究只有一個主體對象：我本人。有了生命回顧法，我才得以去調查及建構我想為自己創造的生命修復故事。過程中，我愈來愈相信這方法可以幫助其他人重新認識自己，以及重新理解他們的生活和人生目的如何逐漸形成。

在發現生下我的那個男人的真相後，我才明白，我在沒有父親的童年時光中錯過了什麼。我逐漸能面對長期不被承認或埋藏的怨恨，畢竟我是與單親媽媽一起長大的獨生子。我還意識到，在試圖填補父親缺席的過程中，我學到了什麼。這聽起來很奇怪，但我甚至知道我欠了他什麼。

因此，我對於自己的掙扎、成就和錯誤有了新的體認，最重要的是，我重新認識自己的人生目的，它們點燃了我高度的熱情，是我對這世界做出的最多貢獻。我的人生故事雖然還未走完，但卻更充實、更真實。因此，它為我提供了一個更真切、更強大的指南，幫助我在未來選擇時有個依據。

這本書講述了自我接到女兒的來電後、啟發我想像力的三段探索之旅。

第一段旅程是我工作領域的核心：科學探索，也就是了解人們如何找到明確的目的與認同，來充實自己的生活。我早年的研究主要是針對年輕人，近年來我轉向人生晚期，試圖了解目的對於中老人年的意義，而他們總有許多事值得回顧。

第二段旅程較為個人，但也已廣為人知了：我想要理解自己的過去、現在和未來，而且是以知足感恩的心情，而非為了激起後悔和絕望。分享我的生命回顧與反思，是希望讓讀者了解，這個方法令我們有機會去尋找新的目的和方向。

第三段旅程對我來說更為獨特，且超乎我所預期：探索往事與歷史。查找檔案、探訪仍健在的親友、前往父親成長、工作與玩樂的地方，使我了解關於我失蹤父親的歷史真相。我的目標是描繪出父親的一生，這不僅是滿足我新激起的好奇心，還能補足其他兩項研究的資訊。我將分享這段獨特的歷史與探索成果，講述我自己的有趣面向與我父親的人生故事，並讓讀者用特殊的角度觀看世界史上的重大事件。我從中學到的東西不僅對我具有動人的個人意義，而其中一些更可視為廣泛的心理和歷史考察。

本書的探索領域處於心理學、個人經驗和哲學反思的交會處。這並非我第一次涉足於此。在我撰寫《邁向目的之路》（*The Path to Purpose*）以及開啟相關研究前，「目的療法」

的名著都跟哲學或神學有關，如華理克牧師的《標竿人生》，或是自我成長書籍，如理查・萊德（Richard Leider）的《人生目的的力量》（*Power of Purpose*）。到如今，可以說，目的已經成為廣為人知的研究和實踐主題，遍及教育、商業、醫學和心理學等領域。我相信，促使我寫下這本書的動機，人們都能感同身受：想要更加了解過去和現在的自己。家庭重要成員在生命中缺席造成的失落感，以及對於童年謎團的困惑，讓我必須去療癒過去的創傷和遺憾，並再次肯定我被賦予的生命。

雖然每個人都是以獨特且個人的方式去尋找生命的意義，但這種渴望是普遍的。因此，你們才會選擇與我一起踏上這趟旅程，在本書中遊歷。希望我的研究、我的反思和我的發現能提供有用的見解，讓你們更加認識這項最個人、也最普遍的追求。

第 1 章

重整人生故事：
從過去找到通往未來的路

我們總是在講述關於自己的故事，有時是對別人說，有時是對自己說。無論是哪種情況，這些故事都在講述關於你是誰、想成為誰以及希望別人如何看待你自己。人生故事能用來建構、呈現和確認我們的身分認同，賦予我們生命的意義及方向。

人生故事可以是戲劇化的，也可以是平凡的。你可以講述意義十足的故事，比如出於崇高的理由而勇敢冒險，從海潮中救出溺水的孩子，或從燃燒的建築物裡救人。你也可以講述一個日常故事，在辦公室度過艱難的一天，或在買東西時的殺價妙招。不管是關於苦難、奮鬥和勝利的漫長傳奇故事，或是愉快的旅行假期，都能對你自己以及其他人透露一些關於你個人的故事。

講述人生故事時，我們通常沒有打算呈現身分認同，不過都很明白，這當中夾帶了與自我展演（self-presentation）有關的目的。對別人說故事也許是為了閒聊、逗人開心、影響甚至是欺騙對方；對自己說故事則是為了提醒自己那些值得珍惜、重溫的事件，或者幫助自己重新思考令人不安的過往，並試圖用當下的想法來化解。但除了這些目的，我們講述個人故事時，有意或無意間都在透露自己是誰以及想成為誰。

依據我們願意坦承的程度（以及記憶力有多好），人生故事的準確度就會愈高。但人們鮮少能說出一段「完全真實、絕無加油添醋」的往事。我們會選擇性地描述事件和細節，所以很難確切無誤地呈現原貌。人生故事有不精確之處，並不盡然是因為刻意想欺騙自己或他人（雖然有時候會這樣），大多是因為資訊不完整。無法確切地回憶某些事件，部分是因為健忘，又或者是自己憑想像力潤飾了那段往事。人生故事並不是對過往的完美紀錄，而且它在各方面都是不完整的。大多數的故事都還在進行（除了臨終懺悔），所以我們無法得知其結局。

無論你認為這些故事的起源是什麼，也無論你記得有多準確，只要你還活著，就會繼續說下去。對我們來說，每一天都是新的機會，讓我們重新審視對自我的理解，並塑造更強大、更真實、更正面的身分認同。所以我們應該多對自己訴說人生故事，並且是有意識地講。

透過人生故事，我們就能理解那些看似毫無意義或令人沮喪的事件，而不任其惡化下去。我們能從遺憾中拾回金子。在人類所有的境況中，最可取之處在於，我們有能力在痛苦的事情中找到意義，只要試著將遺憾的往事放入人生的教訓中。

深思自己的人生故事，就能在看似隨機或毫無關聯的事件中找到意義。把生活事件編織成連貫的敘事，講述自己以前的樣子，以及希望成為的樣貌，就能連接過去與現在，為你想要的未來做好準備。你的過往以及當前的身分認同，有助於你去應對人生中不可避免的挑戰。這些故事能產生驅動力，讓你決定自己未來的樣子。

說故事是人類的基本能力，讓你為自己的人生經歷賦予連貫性和正面意義。無論它們是長或短，我們都得以藉此回顧某段人生，並反思自己的身分。

例如，在重要關係中該如何表現，每個人都有一套標準。在大多數人的人生故事中，與父母的關係有舉足輕重的影響。我們希望自己是被疼愛、讓父母感到驕傲的好孩子，也想對父母給予的一切表示感激，並一直陪伴他們到生命最後一刻。然而，這個理想很難實現。

普遍說來，大家都認為，無論有多少事要忙，都應該花更多時間來照顧生病或垂老的父母。中年人總背負著許多相互衝突的責任，像是工作、家庭及社會參與，很難同時兼顧，所以會有被迫做出取捨的壓力。就算盡力為父母做到最好，但回想起來，內心還是存有一些愧疚：「當初在母親病床邊多待一會兒就好了」、「應該跟她多說一些、為她多做一點」、「有些事我早該做，卻從未抽出時間去做」。這種感覺多少是不必要或不理智的，但會令人感到痛苦和自我懷疑。對整個關係的新敘述可以觸發反思、回顧，隨著時間流逝，就能以更寬容的觀點來重新塑造感受、處理情緒。

許多人都曾與同事、舊情人、朋友或親戚發生過令人困擾的衝突，而且從未獲得充分解決。他們仍然對這些關係有著記掛和不安，並因沒有好好處理而感到遺憾。如果還有機會，現在好好思考，或許可以找到和解的機會；如果沒有，至少可以找出問題所在，從中學習，並認知到自己所犯的錯誤。這份認知會影響到我們的身分認同，以及如何妥善應對重要關係。

這時，深思熟慮和有意識地講述故事就能派上用場。過往令人不安及不完美的作為是某些故事的核心，但它們並不是唯一可說的段落。每段關係中都有令人感到後悔的事情，也會有值得看重和珍惜的部分。溫習一個令人煩憂的故事，就能找出自己希望改變以及應該珍惜的事物，並有助於我們以更廣闊的視角看待生命中不可避免的遺憾，進而培養更全面的正向和感恩之心。謹慎並有意識地思考自己的人生故事，便能更加肯定自己的人生經歷，而不是對它們感到遺憾或絕望。

在心理學領域，肯定療法的開創性提倡者是維克多・法蘭克（Victor Frankl），他對我在本書中提出的觀點有著重大影響。法蘭克在二戰期間被囚禁在集中營時，寫下了指標性的著作《活出意義來》（*Man's Search for Meaning*）。[1]他的書開啟了新視角，讓我們得知如何促進心理幸福感（psychological well-being），並強調目的、意義以及其他重要的能力。法蘭克的見解成為當今心理學的基礎與指引，並提升正向心理狀態的價值。

值得一提的是，法蘭克為此書英文版所取的書名，與英譯者最終定下的不同。他所取的書名是《儘管如此，向生命說Yes!》（*Nevertheless Say Yes to Life*）——用簡短的一句話來概括過去的經歷及其意義，肯定那些塑造我們人生的抉擇和事件，對它們說Yes而不是No。在錯誤中尋找教訓、在苦難中尋找機會、在遺憾中尋找救贖，法蘭克讓我們看到，在最糟糕的情況下也能肯定生命。

大眾文化也認知到肯定的好處。爵士樂大師強尼·莫瑟（Johnny Mercer）在名曲〈高唱積極〉（Accentuate The Positive）中唱到：「你必須強調積極／排除消極／抓住肯定」。還有另一首名曲的歌名在提醒我們，要站在〈街道上有陽光映照的那一邊〉（On the Sunny Side of the Street）。「把酸溜溜的檸檬做成酸甜的檸檬汁」，這是眾所周知的格言。但，當人生遭受到沉重的打擊時，這樣的建議說起來容易、做起來卻很難。挑戰在於：如何在無數次的起起落落中保持樂觀？

基於法蘭克的著作以及近來時興的「正向心理學」，心理學家為這個問題提供了答案。[2]我的想法也受到這些深刻的見解所影響，本書中的討論也反映出這些方法，但它們並不是重點。更確切地說，這本書主要聚焦在我從精神醫學、人格心理學和敘事研究等領域中形成的生命回顧法。不過，讀者應該也很清楚，我使用生命回顧法，就是在呼應法蘭克所倡導的肯定意義，並奉行正向心理學的研究成果與實踐。

肯定過去的經歷，就能找到它們所帶來的建設性成果。即使在最艱難的時期，它們也能引領我們學習、發展個性、找尋新的機會和追求個人的福祉。確實，有些事情就是糟透了，必然會令人感到痛心，並讓你感到活在這世上非常不幸。但只要心智完好無損，就有機會從經驗中找到意義。因此，首先要研究的對象是我們自己。無論過去發生了什麼，如果沒有那些事，你就不會是現在的你了。所以我們應該了解並接受自己的身分，肯定（而非貶低）過往的選擇和經歷的事件。以肯定過去的方式講述人生故事，有助於建立完滿的身分認同，讓我們懷抱希望並展望未來。

透過人生故事，我們能逐漸接受過去各種困難的經歷。人們常常因為錯過某些機會而感到苦惱。有名高中畢業生決定在申請醫學院前，先去遊歷一番，旅途中卻因意外造成永久性的傷殘，因而失去當醫師的機會。有名經理為了開設自己夢想的餐廳而辭去在大公司的穩定工作，但最終創業失敗。有名投資人有機會以每股幾分錢的價格購買亞馬遜剛上市的股票，但卻認為風險太大而拒絕了。許多人的職涯發展和財務問題都遇上這類不幸之事。以正面的角度看待這些現實，就更能接受壞事，並轉而側重於生命已享有的正面時光。從錯誤中學習，就能避免今後再犯類似的錯誤。

經由審慎細想，把遺憾的故事轉換成正面的故事，就能培養自我寬恕、感謝和知足的態度。這些故事無論好壞，都有助於我們去捕捉到所經歷的真實過往。我們因而能建立強大的認同感和信心，相信自己有能力去應對突如其來的挑戰。

在有些時刻，我們會特別需要重新確定身分認同。從高中或大學畢業時，通常我們會渴望去尋找目的來激發潛力，引領自己進入大人的生活。在這個過程中，我們會重新審視「自己是誰」這樣的基本意識；而許下承諾、要進入婚姻的長期關係，是另一個重要的時刻。你會思忖，自己的人生道路、家庭和財務要與另一個人相融，於是更深入思考，自己是如何走到這個重要關頭，而又會走向何方。相對的，伴侶過世或離婚，我們的自我認知也會崩解。當初圍繞著兩人所建構的故事與關係，必須有所改變和找到新焦點。

同樣的，當孩子長大離家時，父母也被迫重新思考、定義自己的核心身分和角色。若日常生活不再以孩子的需求為重心，那麼我們又會是誰？退休和職涯轉換也會帶來相同的挑戰。對大多數人來說，職業生涯與身分認同感交織在一起，很難區分開來。而健康問題：癌症、受傷和身體機能衰退，對我們的影響不光是生理上的，以身體活動能力為基礎的個人身分，也必須轉變，例如不能再跑步的運動員、因關節炎而手指僵硬的鋼琴家或是過了生育年齡的女人。確實，每個人在越過不可逆的衰老門檻之後，都必須找到新的人生故事，且不再著重於已失去的身心能力。

每一次生命的轉變都會帶來轉折。畢業後，年輕人可以選擇立即工作、繼續念書、周遊世界、進入修道院、當兵或其他道路，而任何決定都會排除或延遲其他選項，變成「不會選擇的路」。回頭看時，幾乎是免不了地會想，假如當時走了一條不同的道路，人生會是什麼樣子。我們當然會想了解，人生中的轉捩點是如何塑造了現在以及即將成為的樣貌，也希望能夠坦然接受自己所做的選擇以及人生方向。

重述人生故事可以開拓前進的道路。高中和大學同學會之所以吸引人，在於它們能勾起眾人回顧往事。然而，臉書等社群媒體就沒有這種直接的功效。與老朋友重聚時，我們會重新審視並重建自己的身分。講述彼此的故事，秀出照片說明過往的點滴，就能看到當年的生活是怎麼過的。我們會想知道，為什麼現在會變成這個樣子，並猜想接下來會有什麼發展。

在每一次的人生轉變以及發展時期，講述人生故事就能提醒自己的既定身分，並依據過去的經歷指引未來。遇到困難和覺得遺憾時，重寫人生故事就有助於設定新方向。

人們通常會在有意或無意間自發性地講起自己的故事，以應對生活中的起起落落，以及人人都會經歷的發展與挑戰。身分建構是大家都要完成的心理作業，而講述自己的故事就是答題秘訣。有意識地去回顧這些作業，可以擴大自發性講故事的效用。生命回顧法雖然新穎且有待開發，但這是一條充滿希望的途徑，能令我們有意識地反思人生。

生命回顧：找出閃閃發光的往事

在精神醫學和心理學領域中，有一套方法可以用來講述自己的故事，但它並不廣為人知，儘管它有助於建立正面的認同以及自我肯定。這種方法被稱為「生命回顧」，也可稱為「引導式自傳」（guided autobiography）、「懷舊」（reminiscence）或「敘事認同」（narrative identity）等，也就是反思、檢視塑造人生的選擇和事件。我們需要檢視過去的記憶，因為它們影響了自己現在的想法、感受、自我意識與期望。這套方法讓我們帶著希望和肯定來理解人生。[3]

生命回顧法是由著名精神科醫生羅伯特·巴特勒（Robert Butler）首先提出的。巴特勒長年關注年老患者的憂鬱症狀，他認為，這些問題是出自於他們漫無目的地回憶過去。因此，他想出一套程序來幫助人們進行「生命回顧」，特別是聚焦在往日所追求的重要目的。巴特勒相信，找出過往達成的正面成果（包括那些當時看似不幸的經歷），人們便可以肯定自己生命的價值，並規劃一條充滿希望的未來道路。他寫道：「人生不一定要符合一般意義上的『成功』。只要盡力而為，就得以感到自豪……有時，光是從可怕的苦難中存活下來，就很了不起了。」

在巴特勒有資源全面發展這種方法前，他繼續從事自己專精的老年醫學研究。他創立了國家老齡研究所（National Institute on Aging），並撰寫了榮獲普立茲獎的作品《為何活下來》（*Why Survive?*）以探討如何老得很美好。巴特勒對社會的最大貢獻，就是創造了「年齡歧視」（ageism）一詞。但在二〇〇七年去世之前，他一直沒有時間實踐自己發明的生命回顧法。巴特勒在晚年寫道，他很後悔自己沒有時間去做，因為他相信，這套方法有助於每個人去尋找、活出最有意義人生；無論你是否正在對抗憂鬱，也無論你是老人或年輕人。

巴特勒認為，反思性的生命回顧能提升你我在生命週期中的「智力、智慧及各方面的能力」。他寫道：「生命回顧應該被視為日常生活中必要且正常的過程，它對於照護老年人的心理健康，也是一種有用的方法。」這些心理上的益處包括化解陳年的衝突、對未來保持樂觀、產生平靜的感覺、自豪於往日的成就、承認自己已盡力了。你還會更懂得享受當下的快樂，培養幽默、愛、順其自然與深思的態度，並欣然接受自己的生命週期、大環境和世代。這套方法確實能培養各方面的心理健康。[4]

心理學家已經使用類似於生命回顧的方法來檢視兒童和青少年時期的幸福感、成人人格發展、創傷復原、罪犯改過自新等問題。西北大學教授丹・麥亞當斯（*Dan McAdams*）和他同事採用了一種開創性的「人生故事訪談」，以此來研究成年人的認同發展。就我所知，在檢視人生回憶這方面，麥亞當斯的人生故事訪談和「引導式自傳」是最有系統、最縝密的科學方法。[5]

麥亞當斯在研究中創造了一個強大的人格理論，當中包括以人生故事為核心的「第三層次」，它賦予人身分認同的完整性和意義。麥亞當斯撰文討論過許多相關議題，包括世代傳承（generativity）對於青少年形成認同的重要性，以及如何以「救贖」思維找出負面經歷的好處和價值。我在本書中更關注於個人發展的特殊變化，而麥亞當斯的理論呈現了一般的人格模式，但我從他的方法和理論中學到很多。此外，麥亞當斯對於傳承和救贖的深刻見解，有助於我更加理解「目的」和「補償」這兩種密切相關的概念，這正是本書的核心重點。[6]

麥亞當斯的理論啟發了一系列關於童年和青春期敘事認同（narrative identity）的研究。學者主張，創造人生故事，將過去、現在、未來與夢想結合起來，就有助於形成身分認同。目的在敘事認同方法中扮演著重要角色，學者假設，有目的和夢想，才能紮實地建構完善的人生故事。研究人員讓青少年練習說故事，結果獲得不少益處，包括提升敘事技巧和心理健康的程度。[7]在這項啟發性的研究中，我們也初步探討到，說故事的能力也許有助於創造出有成效和有意義的人生。[8]

老年學家詹姆斯・比倫（James Birren）與小社群和團體合作，以研究自傳式生命回顧的用途。結論是，生命回顧不僅可以增加對於過去的洞見，還可以為生命中難以預料的變化做好準備。透過以下幾個生命主題，比倫與同事引導人們展開自傳式回顧：

（1）影響你決定特定方向的轉折點。
（2）家族史。
（3）工作與職業。
（4）錢財在你生活中的作用。
（5）健康和身體狀況。
（6）感情和性經歷。
（7）面對失去和他人死亡的經驗。
（8）賦予生命意義的信仰與價值觀。[9]

比倫也強調生命回顧對個人的諸多重大益處，它讓你：

（1）認知到過去的調適策略，並運用於現在的需求。
（2）與過去和解，化解往日的怨恨和負面情緒。
（3）對過去的活動重新產生興趣。
（4）更強烈地感受到生命的意義。
（5）在生命盡頭時，覺得自己對這個世界有所貢獻。

比倫指出，生命回顧能讓你將過去所受的傷害轉化為適應優勢。他引用了海明威的話：「世界傷害著每個人，但總有許多人能在受傷處堅強起來。」[10]

生命回顧是一種「全人」方法。一切都很重要。從整個生命的框架去看你所經歷的或預期經歷的事物，就更能理解它們對於你有何意義。學院派的心理學家傾向於將人的行為拆解成小部分，並個別分析。但生命回顧法大大不同，我們不會試圖用任何一種因素來解釋行為，或將某個選擇歸咎於單一的原因。生命中的一切都很重要——過去、現在和未來。

生命回顧適用於任何年齡。從青春期開始，青少年就會從童年回憶中篩選、形塑初期的自我認同；成年後，我們便會依據生活經驗重寫自己的身分認同。[11]

展開生命回顧前，首先要盡最大可能確認過往人生的實情，包括檢索就學和就業記錄、與親戚和老友談論共享的經歷、尋找跟父母及祖先有關的資訊等，也就是對記憶進行縝密的檢視，試圖釐清真相、剔除假象與幻想。日記、信件、電子郵件和社群媒體貼文都在這項任務中扮演重要角色。

意外啟動的生命回顧

就像許多同代人一樣，我一直很活躍，並沉浸在年輕人的世界裡，對於自己的中年歲月流逝，並沒有特別擔憂——就像保羅．賽門在〈享受吧〉（Have a Good Time）中唱的：「我又虛度了一年。」我沒有回頭看的衝動，也沒有必要質疑自己長久以來一直認定的人生故事。

這個故事包括在我成長過程中缺席、素未謀面又一無所知的父親。小時候，每當有人問起我父親時，我會不假思索地說出母親告訴我的答案：「他在二戰時失蹤了。」這就像一句咒語，令我無法覺察、反思事情的原貌，對方也難以再問下去。這句話通常會引起他們的同情心，雖然對當時的我來說，這種態度難以理解又不必要。我以自己的方式度過童年、享受青春，過得還不錯，當然不會感到難過。對於父親消失的經過，我一無所知，所以從未意識到自己缺少一些有益的東西。健忘有個好處，讓我不至於為此感到沮喪，進而失去年輕時的希望和遠大夢想。但是，正如我現在意識到的，這也導致我否認了自己的真實感受並忽略了應該彌補的不足之處。

然後，就在我將滿六十五歲不久前，我對於家族史的理解、對於往事的感受、對於自己成長之路的信念與緣由，都因我女兒打來的一通電話而動搖了。她揭開了我父親失蹤的真實故事，我對於自己人生真實故事的忽視與否認，都在此結束了。

巴特勒醫生說過：「家庭中的情感事件，例如因戰爭失去親人，會給其他成員留下深刻的印記。這類事件可能會被視為家庭秘密封存起來，但隨後會在生命回顧的過程中意外地重新浮現。」[12]當然，對我來說，並不是最終的生命回顧揭開了這秘密，反倒是這秘密的揭發，才啟動了這場生命回顧。在發現我父親的種種經歷時，我才受到吸引，想要有意識地重寫自己的認同故事。這些發現是最初的觸發因素，成為我進行生命回顧的重要部分，讓我對自己是誰以及要朝哪個方向前進，有了新認識。

我重新架構的正確故事，改變了我對過去的理解。它引出了一些基本問題：在父親缺席的情況下，我如何建立自己的身分認同和人生目的；當然，我也會自問：如果我有機會認識他的話，情況會有什麼不同。

這些問題可能會破壞生活原有的穩定，就像新的化石出土會顛覆物種演化與連結的舊理論。不管在生命中的哪個階段，新的、令人不安的資訊都會造成痛苦、帶來成長。就我的情況來說，我所發現的資訊已成為生命整合的元素，讓我在這個終極任務中，能以肯定對抗絕望。這些新發現的真相顛覆了我對於自己生命歷程的認知，其中有痛苦、有做錯的事，但也有意想不到的勇氣、正義與救贖。這是一個戰爭時期的故事，那個時代的人們就像五彩紙屑般地被拋向空中，無論被吹向哪裡，終得落地。

正如巴特勒所預測的那樣，在我生命中重新浮現的家庭秘密，再次呼喚我進行自我審視。直覺告訴我，生命回顧法可以幫助各個年齡層的人去探索自我的本質與真實身分。除了積極審視我個人的人生，我的研究熱情也被觸發了。我很好奇，以目的和感恩等正面主題為導向的生命回顧，如何有助於肯定生命、讓認同更加穩固，進而促進心理健康。

在自我整合中與過去和解

對於進入人生後半場的人們來說，生命回顧具有特殊的吸引力。在這個時期，我們很自然地會去探索生命的意義、思考自己從哪裡來、到過哪裡、現在身在何方以及希望歸向何處。現在是總結和重新思考如何度過餘生的時候了。為了完成這項任務，我們可以利用人生故事來修改和重建個人身分以及由此而生的目的。生命回顧讓你能有意識地選擇並講述人生故事。將人生片段整合成一個連貫的故事後，就能肯定過去並指引未來。

生命回顧就是回首過去、檢視現在、展望未來，將你所想到的一切整合成一幅連貫的、有意義的願景，它包括了賦予生命意義的一切：核心價值、重要的關係、個人的貢獻與成就、精神信仰。好好構想這個故事，講述你從何而來、怎麼成為現在的自己，以及希望去向何處。

將人生故事的過去、現在和未來整合成一幅連貫的願景，才有可能為自己帶來平靜和滿足的完整感。整合（integrating）和完整（integrity）有共同的字根並非偶然。整合的成功取決於與過去和解，因為那是我們不可分割的一部分。正如作家福克納在《修女安魂曲》（*Requiem for a Nun*）中所寫的：「過去從未死去，甚至還未成為過去。」

了解過去是完成這項探索的首要步驟。此外，你還必須理解、接受當下的現實和未來的夢想，並將其融入到肯定生命的敘述中。將所有時光結合成連貫的整體，才是全然成熟與完整的自我。於是，過去、現在和未來的自我便自然融合在一起了。

一個人在不同年齡階段的行為模式確實有差異。當然，隨著歲月累積，生活經驗肯定有所不同。但擁有完整自我的人，會將這些變化視為人生故事的鋪陳，而不是違背自己的信念和承諾，更不會拿來否定自己的存在與本質。

透過向後、向側、向前的視角，才能整合人生，而其明確的時間意義最終也會消失，因為經驗在整合後就會跨越各個單獨的時段。成功整合的那一刻，視野彷彿跨越了時間，一切事情都同時發生。過去不僅「還未成為過去」，未來也變成現在的一部分，而現在正走向未來。

偉大的心理學家艾瑞克森稱這個過程為「自我整合」之旅。這趟旅程的關鍵是找到某種脈絡，將我們所處的環境（家庭狀況、遺傳和生理狀態、社會和文化背景），以及經由自己做選擇、採取行動所創造的條件，串連起來。

在自我整合的旅程中，我們會產生寬慰、實現和滿足感，而且堅定地相信，針對過往所面對的情況，自己已盡可能地做到最好。即使人生遇到悲慘的際遇，我們至少可以說，自己已經盡力了。艾瑞克森認為，這種信念是最高的智慧，「即使在面對死亡時，也會對生命本身有充分而超然的理解」。

這意謂著接受我們所擁有的人生，即便它們是不齊整的，並認知到自己在這世上最好和最壞的時光都是短暫的。若你沒有踏上這段旅程，反而會因為錯過某些機會而後悔，認為自己的生命就這麼浪費了，而永存的絕望將使你餘生都陷在沮喪中。

在自我整合的旅程中，我們會了解自己從哪裡來、走向何處、如何做抉擇來形塑自身的命運，以及會成為什麼樣的人。這是具有歷史維度的「鏡中測試」(mirror test)。隨著在人生下半場的發展，許多人會開始對家族所造成的影響產生興趣。

探索往事、和已逝的親人對話

每個人的過去，無論好或壞，都是由父母帶領我們踏上旅程，並設定了最初的路線。接下來的一切都帶有他們的印記，包括生理特徵、觀念和關係傳承。正因如此，我們遲早都會想要去了解自己父母的真實面貌。無論是在核心家庭中穩定長大的人，或是像我們這樣從未熟識父母的人，都有這種渴望。

如果你比父母多活幾年，總有一天，你都會希望能再次和他們說說話。或許你有些疑問，想知道他們人生中發生的事情或你自己小時候的生活，而這些問題只有他們能回答。你也會想和他們聊聊當年你沒有想到的事情。你有一些來不及表達的感受，或已改變的想法，也會希望他們能知道。未澄清的誤解、尚未說出口的感激或來不及化解的怨恨，你都希望能有機會再表達。但是，這就好像在電腦按下「刪除鍵」一樣，資料再也無法恢復。生命也是如此，而死亡是無法逆轉的刪除鍵。除了宗教活動（祈禱、掃墓、作夢、通靈）外，死亡會中止你和親人的對話，為每段關係劃上休止符。

我們太晚展開對家人的深刻理解，所以無法得知自己錯過了哪些重要訊息和對話的機會。一些有敏銳洞察力的兒女會設法於父母在病榻上或臨終前處理重要問題，但即便如此，他們還是渴望能再次重建這段關係。圓滿的感覺總是難以實現，只要意識到這一點，內心的渴望就會變得更加強烈。

對於那些家庭融洽、內心滿足的人來說，無法再和過世的親人有所交流，會不時感到悲傷，且極為想念對方。對於那些家庭不美滿、關係從未修復的人們來說，親人死後所引發的感受更是複雜而糾結，甚至會造成多年的困惑和遺憾。早在佛洛伊德的時代，釐清這些感受就是心理治療的要點。

有一些人在這場遊戲中的賭注更高。對於我們這些從小不認識父母的人來說，更加渴望與對方有所交流。但若他們去世了，而我們意識到木已成舟，這種挫敗感就會更加強烈。在這個無常的世界裡，很多人早已失去了雙親，甚至於在有機會相處前，父母就已經過世。他們因種種原因而從孩子的生命中消失：意外、疾病、離婚、離家、經商失敗、流亡，甚至是遇上大時代的動亂，如革命和戰爭。在這些常見的逆境中，孩子就會失去雙親。他們不會知道事情是如何、以及為什麼發生的，也不知道父親是怎麼樣的人，甚至不知道那個人究竟是誰。

我的母親從未再婚，我在成長過程中一直是個沒有父親的男孩。因此，青少年時期的我對身分認同的探索變得複雜，因為需要找到父親的形象來效仿、學習與應對。這個難解的任務，讓我建立了穩定的心理基礎以及獨特的自我意識。

令我驚訝的是，我和不少朋友說到自己的故事時，他們也表示，自己有重要的家庭成員下落不明。戰爭、家道中落以及各式各樣的惡習與人性弱點，常常會導致人生翻轉，而有些牌就這麼被風吹散了。環顧周遭那些表面上看起來更完整的家庭，我才發現，當中也是一片混亂，也不時藏有一些核心的秘密。這些家庭中的人常常呈現出一種揮之不去的盼望：如果還有機會的話，無論用哪種方式，都要設法理解失去的家庭成員。在探索我自己的家庭故事時，我也感受到這股盼望。

渴望尋根的人，會從自己的父母、祖父母、曾祖父母，追溯到更為久遠的年代。近年來，各類家族史料的搜索量急速增加。許多步入晚年的人紛紛湧入檔案資料庫，想設法多了解自己的出身和祖先的故事。網路的發展及其強大的搜尋功能令這股風氣劇增、迅速擴散。

我們都渴望認識那個從未成為你生命中一部分的家人。因為我們一直都在自我形塑的旅程中，希望檢視自己所處的位置。只要保有反思的能力，就永遠不會停止尋找解答，像是「我從哪裡來」、「我是什麼樣的人」和「我為什麼會成為這個樣子」。我們不僅在自己的早年生活中尋找答案，也從先人的生命中尋找答案。

為了理解我們的人生，除了自己的家族史外，我們還需要回顧世界史。除了自己的人生故事，共同經歷的時代也是身分認同的一部分。我們是誰？應該繼續推動哪些光榮的歷史時刻？該避免哪些最糟的時刻？該效仿哪些出類拔萃的人？今後該留意並避免誰的錯誤和失敗？從前和現在的自己都反映了祖先們所學到的歷史教訓，以及我們所經歷的種種事件。就我來說，第二次世界大戰在我的人生故事中扮演了非常特別的角色，它使我與父親分離，並重塑了我的人生；這場大戰也是歷史大事，改變了整個世界。

我出生在那場戰爭的最後幾個月，所以對它沒有任何記憶。我的知識來自於書籍、電影、歷史課以及年長親戚和夏令營輔導員告訴我的故事。雖然那場戰爭很重要，但離我很遙遠。然而，展開生命回顧後，我才開始理解那場戰爭如何塑造了我的早期經歷、家庭關係、教育和生命軌跡。第二次世界大戰以一種高度個人化的方式讓我意識到，是它帶我去持續探索自己一連串的人生故事，它能整合我的生命史、現在的身分和未來的目的。正如福克納所寫：「過去，永遠伴隨著我們。」

過去需要去理解並融入現在和未來的自我，但絕不能讓它主宰我們的思維。我們當然要認識並思考自己的過去，但不是深陷其中。有個古老的笑話是這麼說的：「我喜歡過去，但討厭現在，害怕未來。」與這種尖刻的觀點相反，我們必須接受自己經歷的所有時期，並將它們整合成一個連貫的敘事，好為自己的未來鋪出正面的方向。

要做到這一點，一定得努力去回顧形塑我們的事件，以對現在及未來都有幫助的角度來加以理解。正如加拿大心理學家王載寶所寫：「過去既可以是負擔，也可以是資源。情緒包袱和傷疤會消耗能量、降低幸福感……但大量的記憶也可以成為智慧、意義和寬慰的寶庫。」[13]現在，我將轉向自己的過去，它們形塑了我的人生（通常是在我沒有意識到的情況下）。我希望，從這些探索中真的能找到意義、智慧和寬慰。

第2章

揭開過去：壓在箱底的那封信

在那通重要的電話中，女兒瑪麗亞向我透露的訊息，在數位時代裡能夠查找到，著實令人感到驚訝。她知道我父親（她祖父）的名字叫菲利普，家族當中也有流言，由於某些原因，他曾經待在泰國。（經她這麼一說，我也回想起一些暗示，雖然我不記得我是如何得知的，或它意謂著什麼。）瑪麗亞在谷歌上搜索了「菲利普·戴蒙、泰國」，那扇長期上鎖的密室大門之鑰，就立刻出現了。一名資深的外交官肯尼斯·麥考馬克（Kenneth MacCormac）接受訪問，以補充美國新聞署（United States Information Agency）在一九八〇年代後期開始逐步縮編到裁撤的歷史。[1]

我們一通完電話，瑪麗亞就以電子郵件寄給我採訪稿的連結。我很快就下載了，並如飢似渴地閱讀。在訪問中，麥考馬克提到他在世界各地負責的許多任務，並熱情地談論了與他一起共事的夥伴。這些回憶彰顯了他的偉大氣度以及對國家的奉獻。他的服務範圍廣泛而深入，數十年來，他前往許多動盪、發生衝突的地區，可說是「美國世紀」的愛國典範。資深記者湯姆·布羅考（Tom Brokaw）在其著作《最偉大的世代》（*Greatest Generation*）中，也讚揚過麥考馬克。[2]

過程中，採訪者沒來由地問麥考馬克：「你在泰國時認識菲利普·戴蒙嗎？」這個問題本身有點詭譎。在麥考馬克任職期間，駐派在泰國的外交官、文化專員和國務院工作人員那麼多，為什麼偏偏是菲利普．戴蒙被特別點名出來呢？我的父親在那裡做什麼？

麥考馬克的回答隱含了一些新資訊和亮點，足以破解這個詭譎的問題。我盯著下面的文字，彷彿它們是藏寶箱，是我在長期荒蕪的海灘上散步時不經意發現的：

麥考馬克：是的，我待在德國時得知有菲利普（菲爾）．戴蒙這號人物。他娶了一位迷人的法國女孩，她隨著芭蕾舞團從尼斯到慕尼黑。我到慕尼黑時，他人正在曼谷。菲爾和吉娜維芙這對夫妻與國王及王后的關係非常密切。他們的法語都很流利，菲爾身材高大、個性開朗外向，也是出色的高爾夫球玩家，但不幸的是，他患有多發性硬化症，當症狀開始出現時，他回到了華盛頓。他總是想著，只要能再回到泰國，他就會好起來。想當然爾，情況並沒有好轉。在相關機構的協助下，以無薪僱員的身分（我想是這個稱呼吧）被帶回泰國，並享有公務員的福利。那一年，國王和王后把他安置在朱拉隆功王紀念醫院，日夜都有護理師照護。菲爾還活著，我每次去曼谷都會去探望他，但他臥床不起，我猜也應該是失明了。他唯一的快樂泉源是他從國會圖書館取得的有聲書。

提問者：他與國王之間的聯繫現在終止了嗎？

麥考馬克：沒有。他與國王和王后的關係仍然很緊密。他的妻子吉娜維芙更是王后的好朋友。據我所知，吉娜維芙是唯一一位獲得國王授予頭銜的外國人。她現在的名字是戴蒙．坤英（Khun Ying，尊貴的已婚婦女）。她經營一所小型的芭蕾舞學校，那時菲爾正承受著可怕的病痛。她是一位非常了不起的妻子。他們的三個女兒現在都已結婚並居住在泰國。

嗯……就像心理諮商師說的，這當中有太多「議題」要「處理」。我沒辦法接受這一切。一開始讓我印象深刻的，反是文章中最平凡無奇一段：他是出色的高爾夫玩家。相較於其他被披露的真相，這件事最讓我震驚。我在腦中一遍又一遍地思考這件事，而暫時忽略了採訪中所透露的其他驚人資訊。

為什麼在那一刻我忽略了其他訊息？這是我在展開生命回顧時思索的第一個問題。它非常有用，因為它揭開了我不肯承認或不願化解的不安感。它使我意識到，儘管我一輩子對父親的缺席無動於衷，對他的命運也漠不關心，但實際上，我確實打從心裡在乎他是誰、以及在沒有我的人生中發生了什麼事。

本來我對於自己過往的人生都沒什麼興趣，但得知關於父親的真實消息時，一股強烈的感受就湧上來，導致我當下就抗拒接受那一切，許久後才能恢復平靜。我唯一沒有屏蔽掉的訊息是那句「出色的高爾夫球玩家」。這句隨口說出的話打開了一扇窗，讓我看到了自己未曾探索的、深藏的某種核心情感，也就是我不肯意識到的怨懟之情。我看到父親的名字連上「出色的高爾夫球玩家」這段敘述，才第一次明顯感受到這份不滿。這是我意想不到的反應，令人感到不快又揮之不去。難怪我一直試圖避免有這種感覺！後來，隨著我進一步回顧自己的人生，這股被壓抑的怨懟便緩慢且無情地浮現出來，指向那些未盡的父職。

第一次讀到麥考馬克的訪談稿時，我埋怨道，為什麼父親不能至少教我打個高爾夫球呢？我上初中時，在我家附近發現了一個便宜的球場，自那時起，我就愛上了高爾夫。我努力提升球技，但都只是自學。我從未上過課，沒有人教我正確的技術。不像我那失蹤的父親，我從未成為「出色的高爾夫球玩家」。

展開我的家庭探索之旅時，我對高爾夫這件事的怨恨，明顯存在了很久。這是我唯一願意承認的不滿。我最初沒有其他的怨言，而今在我看來，這很奇怪，在別人眼中也很奇特。見到從前不認識的親戚時，他們都會談到彼此皆知的事實：戰後他沒有回到我身邊。他從未造訪、從未寫信、從未留意到我對他一無所知。這些新出現的家族成員總會提出這個問題：「你為什麼不恨他呢？」

確實，無論是對自己或其他人，我都沒有表達出對父親拋棄我的憤怒。我認真思考了原因，但腦袋一片空白，只浮出一些籠統的感恩知足之語，像是「我的人生很順遂。沒有父親就沒有我，還有什麼好抱怨的呢」。這些想法聽起很老套，但也有幾分道理。然而，它們充其量只是我表面的心情。弄清楚其餘的事情是我生命回顧的核心任務。這需要一點時間。

當我再次閱讀麥考馬克的訪談時，轉而把焦點放在我那「高大、外向」的父親與「迷人的」法國芭蕾舞者結婚。我對於高爾夫的不滿逐漸消散，而是被捲入一波又一波的生動情節中。皇室（國王、王后等各種頭銜）為這些畫面增添了一些光彩，但最令我著迷的是父親突然曝光的形象：在外交部門工作，有個美滿的家庭。在我過去不成熟的心態下，我把他想像成逃避責任、沒用的失敗者，像可悲的人渣一樣，會逐漸被遺忘。結果我錯了。顯而易見的，他一生中做過許多正經並有建樹的事情。他死於不治之症的悲慘景象最令我難受。在接下來的幾年裡，這些資訊在我的腦海中盤旋不去，有些令人振奮，而有些則充滿了失落和遺憾。

我是發展心理學家，生涯致力於探索人的成長，包括如何做出關鍵的人生選擇、找到驅動的目的、建立身分認同，進而成為理想中的自己。現在，我可以用這個專業角度來探索我父親的人生，並在過程中重新審視自己的人生。父親長久缺席，但我才剛剛開始明白，自己的人生與他密不可分。

在消化完麥考馬克所揭露的真相後，我展開了為期五年的檔案搜尋，它們將顯示我父親的求學、當兵和外交工作歷程。除了搜尋網路上的資料，我還從檔案櫃裡找出紙本記錄。前一刻我還在iPhone上搜尋線索，下一刻就在磨損的文件夾中翻閱破碎的紙本和褪色的照片。我去了圖書館、檔案館、倫敦的帝國戰爭博物館和麻薩諸塞州西部的匹茲菲（我父親成長的那個小城市），到處尋找有關他的文獻。在舊文獻中找到第一手史料時，那股激動也令我感到訝異。這就好像偵探辦案，我也才明白為什麼尋根會成為我們這個時代的新興嗜好。

二種秘密：遺失與被壓抑的記憶

每個人的過去都有許多秘密，但不一定是故意隱藏的（雖然有些事的確不想透露）。不過，這些潛藏的秘密導致我們自己也不清楚早年發生了什麼事。有時我們一開始就沒有意識到它們的存在，即使有意識到，當時也沒有足夠的思考能力去理解。

而生命回顧有助於揭開過去被隱藏的部分。就像我的例子一樣，生命回顧有時是由發現一個久遠的秘密所開展的，它隱藏了一些往事，令你無法完整理解自己的人生。直到真相揭露後，你才恍然大悟。

有兩種類型的秘密會將我們過去的重要部分隱藏起來。

第一種是起因於對重要的人事物缺乏充分的了解。這是在所難免的，畢竟我們無從得知發生在家族、甚至是直系親屬身上的一切。有時他們會故意隱瞞或從未提及。長輩都不想提到戰時的艱苦或經濟困境，因為談論起來實在太痛苦了；他們也都不想提起誤入歧途和違反家庭核心價值的家族成員。「為什麼沒有人談論過泰德叔叔的遭遇？」但你小時候可能不敢大聲問出口，甚至永遠不會知道此人的存在。

對於長子早夭的父母來說，這段記憶一定很痛苦，所以後來再生的孩子長大後，就永遠不會知道自己有過一個手足，直到年邁的母親患了失智症，喃喃唸著一個陌生孩子的名字。搞不好，你的祖父母曾經是狂野並瘋狂的冒險家，但那些經歷被數十年的家庭生活蓋過去，因此被遺忘了。直到你在閣樓上發現一堆剪報，才知道那兩位古板的老人有一段全然不同的故事。若有家人自殺、酗酒或犯罪，或給家族帶來羞恥，就不會有人談論他們。過去不被接受的生活方式也會被掩蓋或否認；然而在今日，我們就不需再遮遮掩掩地提及「那個與女性友人同居的阿姨」。

在生命回顧的過程中，就能了解更多家族及自己的歷史，並得知令人震驚或訝異的資訊，進而對於各種人事物產生不同的看法。我們會重寫早期的故事並質疑長期以來的假設，並設法重新認識所愛之人和我們自己。

第二種類型的秘密是心理機制造成的。對於過去實際發生的事，我們的記憶遠遠稱不上是完美紀錄。記憶是建構而成的，反映出我們當下的感受、偏見、已相信的事情以及對實際事件的回溯方式。因此，過往的記憶往往因為遺漏、失真和無意識捏造的細節而有所缺失，於是涵蓋了一些秘密，使我們無法了解自己過去的真實面貌。這在創傷事件中尤為常見。自然災害的倖存者常常會記不清楚事件經過，因為他們會壓抑讓自己不舒服的記憶。一般人也會在腦海中抹去自己那些尷尬的失禮言行，因為光想到就會羞愧到發抖。

在我努力重建過去，以便進行生命回顧的過程中，這兩種類型的秘密——缺漏的資訊和不完整的記憶——都如影隨形。我在母親的家成長，她和其他長輩將我封進對父親的無知泡泡中，那是一個小孩絕無可能穿透的。每當談到父親的下落時，母親只會說他「在二戰中失蹤」。這種簡短的回應很快就切斷了在家庭內外部的進一步對話。我也用這句話來機械式地回應外界，而無需再做進一步的說明。我接受的不僅僅是這句話，對於任何與父親有關的事情也表現出徹底的興致缺缺。

隨著我長大，一些線索開始出現，雖然當時我忽略或誤解了那些訊息，但現在還記得一點點。我讀大二時，母親隨口提到，她一直有和我父親聯絡，每個月也都有收到小額的子女扶養費，並問我是否想分一點。那是我第一次得知父親還活著。但大學生活非常忙碌，我也沒興趣再多去了解那個男人，只把他當作是個浪蕩子，拋棄了家人，終生躲在某個陰暗角落。那次和母親的對話很令人尷尬，彼此都未曾再提起。

因此，在回顧自己的人生前，我對於跟父親有關的事實毫不在意。現在我得揭開它們，才能知道這個與我未曾相識的人是如何影響了我的人生。更重要的是，找到這些事實時，我才意識到自己的記憶有這麼多缺漏，特別是早年跟父親有關的線索。

為了處理這兩種類型的秘密，我需要搜尋家族史，也需要有意識地重建記憶；前者連帶影響了後者。我找到的資料觸發了早已遺忘的回憶，但它們模糊且混亂，我永遠無法完全掌握它們。我把那些記憶埋藏在腦海裡，所以很難得知自己對失蹤父親的真實感受。那份被隱蔽的情感，包覆在我那已磨損、缺漏和扭曲的記憶中，而我想理解並釐清那些人生故事。

我努力要拼湊的人生故事，對你們來說應該很不尋常，當中有我失蹤已久的父親、他的掙扎、歷史事件、國際陰謀以及精彩的情節。事實上，每個人的故事都有其獨特之處，有時神秘、但往往是多采多姿而有趣。你我都有情感上掙扎的時刻，也都是歷史的一小部分，參與著大時代的事件。每個人的過去都至少有一個或兩個謎團需解開。而且，正如我所發現的，許多人的家人都在某個時刻失蹤了。

對我來說，我自己的人生，再加上失蹤父親的故事，看起來生動又有趣。透過生命回顧來探索這一切，令我興奮不已。閱讀巴特勒、艾瑞克森、麥亞當斯等學者的文章，讓我更了解身分建構和敘事重建，進而更加理解自己的過去，為現在和未來創造正面的心理效益（像是感恩、肯定自我和減少遺憾）。我在此分享我的探索歷程，希望讀者也能感到豐富而有趣，並了解回顧過往能帶來的潛在成果。我相信，只要你踏上這段旅程、去尋找隱藏的過去，就會發現你的故事也是豐富而引人入勝。

連結久違的親情紐帶

消化完瑪麗亞在電話中所透露的訊息後，我感到有些振奮，並開始在記憶中搜索、尋找材料，以實現我決心要進行的生命回顧。小時候，我曾短暫地、斷斷續續地見過我的祖母，大人們說要叫她「戴蒙奶奶」。她從來沒有來看過我，但偶爾會邀請我去波士頓的一間大公寓作客；她與四位年長老太太合住，我稱呼她們為「姨婆」。小學時期，我拜訪過戴蒙奶奶四、五次，她從未提及我的父親，公寓裡也沒有他的照片。我很喜歡去找她，因為其中一位姨婆「艾格妮斯」是紅襪隊的狂熱球迷，我們會聊到外野手泰德．威廉斯和他流暢的揮棒。我忘記和戴蒙奶奶聊了什麼，只記得她熱情又善良。

回想起那些作客的日子，我發現我最少保留了一個重要的細節：我的祖母有個女兒，名叫維娜，是我父親的妹妹。我不記得見過維娜姑姑，但她的名字卻深深印在我的腦海中。在網路上快速搜尋後發現，我那失散已久的姑姑住在紐澤西州的普林斯頓。維娜比我父親小七歲，當我找到她時，她已經八十出頭了，身體還很健朗。

我拖了一天才鼓起勇氣打電話給她，接通時，她非常熱情地與我交談。她說，在我很小的時候，她見過我一次，此後也多少聽過一些我的事。我告訴她，我非常想與她碰面，想多了解我的父親和長久以來一直被隱瞞的家族故事。維娜欣然同意了。掛斷電話後，我與妻子安妮安排了一趟東岸之旅，而最終目的地是普林斯頓和維娜的家。

幾週後實現的那次旅程為我帶來許多驚喜。最終，我見到了維娜的兩個兒子（也就是我「新出現」的表兄弟），自那時起的十二年來，他們成為我最好的朋友。與維娜姑姑見面後，我還發現一個令人震驚的消息，這對我的個人認同感產生了全新的影響：父親與我就讀同一所學校，而時間相隔了二十二年。我將在第四章討論這個新發現的深奧意義。

在網路上我找到了更多令人震驚的資訊。我在谷歌上搜尋了「吉娜維芙．戴蒙」，這是我父親第二任妻子的名字。結果發現，她創立了芭蕾學校，是泰國文化界的要角。我在法文報紙*Gavroche Thaïlande*找到一篇關於她的報導，標題是：「皇宮裡的法裔美籍芭蕾女伶」。在我念大學時，有個夏天我待在巴黎學了一點法語。撰文者以清晰易懂的法文全面介紹了吉娜維芙的職業生涯：芭蕾舞者、學校創辦人和泰國宮廷講師。我的巴黎「繼母」居然是出色的芭蕾舞者及貴婦。

文章中透露，吉娜維芙也是盡職的妻子和母親，還描述了我父親與家人在泰國的生活。我得以一窺父親在一九五〇年代於曼谷度過的時光：「在這段時期，三個女兒出生：蘇瑪莉、拉萬和琵奇特拉，最後二個女兒的名字是由國王命名。」

再一次，這個真相掀開了我記憶中某個隱晦角落的面紗。父親另外生了女兒，對我來說並不盡然是新鮮事；在我試著理解螢幕上的法文單字時，一段埋藏許久的記憶湧現。在中年的某個時期，我突然收到一封年輕女子的來信，她自稱是我父親的女兒。我依稀記得她的名字叫「派翠絲卡」，原來我記錯了：她真正的名字是琵奇特拉。她寫信時大約是十九歲左右，那時我正忙於安頓我自己的家與家人。我記得我回以一張禮貌的明信片，謝謝她寫信給我，並表示我從未與父親有所聯繫。我想必是把琵奇特拉的第一封信丟掉了，所以再也找不到。琵奇特拉立即回覆我那封簡短的明信片。她第二封信是用航空信件常見的藍色薄磅信紙寫的，但我不記得信的內容。直到幾十年後的這一天，她和她兩個姊姊的名字出現在法國報紙上，我才又再次想起那封信。突然間，以獨生子身分長大的我，渴望認識我那些同父異母的妹妹們。

在二十一世紀，當你手上只有人名時，要怎麼去找人呢？假如那個名字夠特別——而幸運的是，我妹妹們的名字都是獨一無二的——臉書就是一個好工具，它真的有用。我找到了拉萬和蘇瑪莉的個人頁面，並傳了訊息給她們，介紹我自己的身分與來由。

第一則回覆是來自拉萬，她正如我預期地那般友好：

我真是感到開心又驚喜，我希望能進一步認識你和你的家人。我應該沒有太主動而嚇到你吧？但是你無法想像我和姊姊對你有多麼好奇！是的，我們的父親是菲利普，我們還有一個妹妹琵奇特拉，她已經不在了，在大約二十年前去世了，就在我們父親去世的一年後。

最初的臉書聯繫促成了面對面的拜訪行程，不僅讓我得已探詢珍貴的新資訊，也讓我與一群可愛的新家庭成員（同父異母的妹妹、姪女和姪子）建立關係。每個來自泰國的人都熱情又好客，我珍惜我所找到的每位「新」家庭成員，也深深地悼念我所錯過的那個人。

從未見過的妹妹以及那封壓在箱底的信

幾個月前，就在我開始寫這本書之後，我在車庫裡的舊紙箱底部發現了琵奇特拉的第二封信。當時我並沒有在尋找這封信，也不知道它就埋在一堆筆記本、照片和其他紀念品下面。對於這個偶然發現的時機，我真心覺得這封信是天意之手放在那裡的。再次看到琵奇特拉的信時，我驚訝地發現我竟然對信中的內容記得如此之少。現在我以全新的眼光重讀一次，才發現許多沒有留意到的訊息。

「你可能對我一無所知，」琵奇特拉寫道：「所以，我現在會告訴你一切。」她接著說，她出生在泰國，四歲前都住在那裡，然後，當她的（和我的）父親被調回華盛頓時，她與家人也一同搬了回去。「一開始很辛苦，因為我不會說英語，但我很快就學會了，當然，不久後也忘光了泰語。」幾年後，一家人回到了泰國。「我不得不重新學習泰語，但這次，我沒有忘記英語了。」隨後，她在曼谷的國際學校念完高中，寫這封信時，人則是在夏威夷讀大一。四十年後再次讀到琵奇特拉的信，我被她的開朗、溫暖和坦率深深吸引了。

在遙遠的當年，我收到琵奇特拉的信時，生活中塞滿了工作和家庭責任。我那時的新工作很複雜，教學、研究和寫作都要兼顧。我的孩子們個性活潑、充滿好奇心又愛吵鬧，隨時隨地都要管控。我就這麼把琵奇特拉的信擱著好幾週，接著又變成了幾個月。最終我把它收起來而沒有回信，也不知道它怎麼會落到那個舊紙箱的最底部。

從三十多歲起，我的生活就變得忙碌不堪，所以很快就抹去了對琵奇特拉的任何想法和記憶。也許是對失蹤的父親反感，也許是因為沒有回信的愧疚，不管是出於什麼原因，把琵奇特拉的信收起來後不久，她就從我的腦海中消失了。直到三十多年後，女兒的電話讓我聯繫上她的姊姊們，她才又再次出現。

未能回覆琵奇特拉的信，是我一生最遺憾的事情之一，原因有很多。而我多麼希望能夠回到那時候，寫下立即而誠摯的回應。她以開放而坦誠的態度向我伸出手，希望與我取得聯繫，但我沒有回應她。那本應是個機會，讓我在中年時期，而非幾十年後才與戴蒙家族建立關係。搞不好我能在父親還活著的時候見到他（前提是我要願意抓住這個機會，但老實說，我不確定自己是否已準備好了）。盯著琵奇特拉的信時，我強烈感覺到我會喜歡甚至疼愛這個妹妹，這對於身為獨生子的我來說意義重大，或許對她也是如此，畢竟她沒有任何兄弟。不幸的是，正如拉萬告訴我的，琵奇特拉在寫完那封信的幾年後就去世了，我能認識她的機會就這麼永遠消失了。

死亡的殘酷之處在於，它讓某些錯誤無法彌補。隨著琵奇特拉的離去，我再也見不到她了。隨著父親的離去，我永遠無法對他產生完整的、有血有肉的感覺。隨著我母親的離去，我永遠無法詢問她自己最近發現的諸多問題。這些機會的消失令我理解到，我這輩子太晚才懂得大家庭的價值了。在我的孩提時代，這部分的經驗太少了，所以成年後才需要去學習。我現在意識到，如果我當初有回應琵奇特拉的請求與等待，開始建立聯繫，我的人生將會更加圓滿。但幸運的是，學習的能力永遠都在，雖然我希望自己能更早學到重要的事物。正如路易舅公的啤酒杯上面寫著：「我們老得太快，但聰明得太晚。」

生命回顧仰賴於對過去的探索，以及對隱藏在其中的秘密保持開放態度。就我的例子來看，我對於跟父親有關的任何事物都興致缺缺，且全然忽視任何出現的線索，於是這些秘密就變得更加隱晦。在人生的早期，我埋藏的負面情緒助長了我的逃避精神。結果，我學到的東西很少，而且所得知的事物與記憶都變得模糊和扭曲。

最後，在六十多歲時，我終於願意去了解我的父親。我正處於人生的某個階段，無論在他身上發現到什麼，都不再感到害怕。我覺得有必要回顧自己的人生故事，並盡我所能地去探索我的人生是如何形成的、為何走上這個方向以及未來會往哪裡去。我渴望且盡其所能地去了解我的父親，包括他的生命歷程，以及他的人生如何超越時空限制而形塑了我的人生。我找到了不少資料，所以才有機會揭開父親長久以來對我隱瞞的秘密，而我早年留存的模糊記憶，也因此得到了意義和細節。不管怎麼說，我的生命回顧要歸功於這些新資訊，以及那些搖搖欲墜的早期記憶。

變幻莫測的記憶

生命回顧靠的是回憶。然而，人類的記憶不像照片，而是模糊的影像，被需求、欲望、偏見和當下的心態所遮蔽。在解釋重大的回憶時，要理解到，記憶不僅反映了實際發生的事，同時也反映了我們對事情的感受。在極端情況下，記憶僅僅反映了想像及誤認的事情。

在研究所畢業後不久，我得到一筆小額獎學金，前往日內瓦大學參加研討會，一睹我所崇拜的大學者、瑞士心理學大師尚．皮亞傑（Jean Piaget）。要會見這位氣宇不凡的長者前，旁人告訴我，不要用輕鬆的「你好」（bonjour）或「很高興見到你」（ravi de vous Rencontler）來打招呼，而是應該要恭敬地說「很榮幸見到您」（honoré）。工作人員和學生們都稱皮亞傑為Le Patron，也就是介於老闆和父親之間的角色。他有一個習慣，是我從來不敢在自己的教學中效仿的；每當學生發言時，他會在全班面前擺動錶鏈、晃動懷錶，直到學生說完後才停止。所以在皮亞傑的研討會上，不會出現冗長、漫無目的的題外話。

皮亞傑喜歡講趣聞和故事。每當他談到自己的童年和年少時期，就會變得非常有活力，眼睛閃爍著亮晶晶的光芒。在討論記憶的本質時，他講述了一段很戲劇化的人生故事作為適恰的舉例。在他差不多兩歲時，有天躺在嬰兒車裡被綁匪擄走。他誇張地講述這段回憶，包括綁匪穿的黑斗篷，衝上去救他的那位忠誠、臉頰紅通通的保姆——綁匪朝她的頭猛烈一擊——而警察拿著閃閃發光的警棍，當場就把綁匪趕走了。

皮亞傑說完了故事後，還發誓他記得十分清楚，但結局卻出乎意料：這件事從未發生過！懺悔了許多年後，那個保姆在臨終前寫信給皮亞傑的父親，坦承她編造了整個故事，以便獲取在家中的特權。但在皮亞傑的記憶中，保姆的故事已成為現實。在漫長的人生裡，他完全相信這件事。多年下來，皮亞傑甚至無意間在腦海裡添加更多豐富精彩的畫面和細節。

皮亞傑在研討會上要傳遞的訊息是，記憶多少是建構於事件發生時的想法和感受，因此，它與實際發生的事情往往有落差。有些記憶，就像皮亞傑說的故事一樣，其實是虛構的，它涵蓋了原始事件中不存在的細節，或是省略了部分情節。

這不是當事人有意扭曲它們。記憶是一種結構，也就是說，在回憶事件時，心像（mental picture）無法像照片一樣清晰。而且，我們會將腦海中所保留的類似影像與對它們的感知、感受和理解拼湊在一起。有時，這種心理建構能完整且準確地呈現過去的事件。有時，我們會腦中一片空白。還有些時候，我們會把事情的來由搞錯。某些回憶是否有現實依據常常是個謎。兒時那個有錢朋友的房子真的那麼富麗堂皇嗎?阿姨去世時,母親真的有在哭泣嗎?或者說,我長大後知道她承受了巨大的悲痛,才想像出那個畫面。小學老師是否真的有用尺敲打我的指關節,或者這是我從報章雜誌讀到的?

多年以後,當我試圖理解自己往日對父親的困惑時,就回想起皮亞傑的故事。看來,我周圍的大人們一定時不時說溜嘴,透露出一些他的行蹤,然而,我的記憶裡卻沒有留下些線索。我是否聽到了一些事情卻很快忽略或忘記?大人們是否提到了我一些不想聽到的事情?這一切是我當時誤解了,或是後來記錯了?

找回舊記憶,刺穿忘卻的泡沫

我記得的一個早期線索,是來自一名討人厭的女士,她對我很不滿又羞辱我,因為我沒有去做她交代的差事。我打電話向她道歉時,她說:「算了,有其父必有其子。」她嘲諷我父親同樣不可靠,如果我當時有留心的話,或許會明白這在暗示他是「自願」失蹤的,而不是戰爭下的遇難者。如果我沒記錯的話(這始終是個不確定的問題),她生氣的時候,我完全不知道她想侮辱誰。我對那句話置若罔聞,所以並沒有意識到,我在哪些方面與失蹤的父親有相似之處。但她的羞辱並沒有真的從左耳進、右耳出，所以這麼多年過去了，我仍然記得這句話。也許她的話確實有觸動我的神經，所以我才會記得這串令人不愉快的對話。

在類似的情況下，我對這些線索的忽視，一定是出於自我保護和正向發展的需求。雖然當時我沒有試著去理解那位女士的言外之意，但也感受到父親形象的強大影響力，它可以支持或削弱孩子在建立正面認同上的努力。正如艾瑞克森所寫，身分的建立最初是來自童年時期的身分認同，而它是發展自與母親及父親等令人景仰的人的交流；對於男孩來說，父親就特別重要了。進入青春期，童年的身分認同在整理後被附加到自我建構的身分中，以引導前進的道路。童年的身分與性格不能決定你我最終的特徵，但它們確實提供了一些素材，所以非常重要。

我一定是本能地覺得應該屏蔽掉有關父親的訊息，以免我在孩提時期產生不良的認同。我想避掉任何會分散注意力的事，才可以繼續努力長大成人、走在成功的道路上，追求令我感到自豪的人生。我不想去了解那個形象不太光彩的父親，不需要一個負面的榜樣。

直到最近進行了生命回顧後，我才明白，每個人都必須考慮到父母和其他榜樣所帶來的影響，無論對方是否有陪伴自己長大。身分認同大多是由早期關係以及我們對它們的主動回應所塑造的，這是必須探索的面向。生命回顧令我獲益良多，它幫助我理解，我會排斥得知父親及他行蹤的消息，這背後有其根源和意義。

這種排斥感貫穿了我一生的絕大部分時間，遮蔽了青少年時期出現在我腦海雷達螢幕上關於父親的消息和片段。我第一次能消化父親在戰爭中倖存下來的消息，是在上大學後與母親的某次尷尬談話中。她有次到宿舍探望我，提到她一直從父親那裡得到小額的子女扶養費（我記得是每月一百美元，但這絕不是可靠的記憶）。母親沒有幫我付學費，所以她覺得應該與我分享這筆扶養費。

但母親公布這個消息時，我的反應我記得十分清楚，從生命回顧的角度看來，那個反應是很有啟發性的：得知父親還活著，我並沒有很驚訝。對於母親與父親因為子女扶養費或其他事而有所接觸，我並不感興趣。我只記得自己很尷尬，因為母親隱晦地坦承，她十幾年來都對我隱瞞了父親失蹤的真正事實。

母親並不像我一樣感到尷尬。她的態度實事求是又不帶感情。我感到忐忑不安，但對她的慷慨提議覺得感動，因為她自己的資源也很有限。我低聲道謝並婉拒了，整段談話大概只持續了不到一分鐘。

回想起來，我對母親揭露的真相並沒有感到驚訝，這意謂著我對父親的存在，知道的比我以為的還要多。或許，在我青少年歲月時不時出現的一些線索，已經以某種粗陋的方式滲進我的意識中。或許我還聽過其他消息，但都已消失在我的記憶裡；我出於恐懼或冷漠而忽略了它們，只留下一絲蟄伏的印象。那些訊息是什麼？有人（母親或祖母）曾告訴我，如果我願意的話，父親想要見見我嗎？或這只是一個願望、一個幻想、一個夢？我絞盡腦汁想要確定這一點，但一無所獲。

多數我所記得的，只有與母親談話時感到的不舒服。後來，她又活了四十二年，我們再也沒有討論過這件事。

親近又疏遠的母親

單親母親和她唯一的孩子之間的情感關係注定是緊張且複雜的。無疑的是，某種腦霧長期遮蓋了我對父親的理解，而它源自於我童年時與母親之間的情感糾葛。父親沒有返家，她的堅強性格反倒惡化了她不幸的育兒處境。

對我來說，要客觀描述我的母親是不可能的，但我需要建構人生故事。距離她去世已有十五年了，我可以記下一些關於她的事情，認識她的人應該也會認同，所以多少還算是客觀的。

母親三歲時，她的父親因從未診斷出來的疾病而去世，只因他沒有錢看醫生。她的母親悲痛欲絕，在能力不足下，只能把她和她的兄弟託給路易斯舅舅和艾絲特舅媽照顧。路易斯和艾絲特都是歐洲移民的第二代；家人們身無分文地來到這個國家，在艱困與低薪的環境中奮鬥。節儉是他們家中的核心價值。長輩們經常提到，艾絲特下定決心要不斷修補她的冬日大衣，使它能夠穿上三十年。

我的母親聰明、意志力堅強又跟得上社會潮流，只是財力不夠，也沒有受過太多教育。二十一歲時，她搬到紐約學習時尚文化與設計，並遇到了二十歲的陸軍中士菲利普．戴蒙，他從駐歐部隊回來短暫休假。她很快就與菲利普結婚並懷孕了，但也許是先上車後補票（紐約相關單位的記錄顯示，他們的結婚日期為一九四四年二月二十六日；八個半月後我就出生了）。結婚後不久，菲利普就回到了前線，再也沒有見過他的妻子；而我母親回到路易斯舅舅和艾絲特舅媽身邊，為我的即將到來做準備。

我找回一份小而驚人的文件，那是我父親親自經手的。他與我母親於紐約相遇、回到前線後，在一九四四年夏天發給我母親一封通知信，內容顯示他屬於第一三五通信兵團。他把信寄到路易斯舅舅的家，那是我母親居住的地方。

這封通知信，是母親餘後人生六十二年裡，唯一保留下來關於我父親的證據。信件一開頭就稱呼「親愛的大餅臉」，這是一九四〇年代常見的戀人問候語嗎？還是他們專屬的親密玩笑？最下面是我父親的簽名，是我唯一擁有的一份。

母親過世後，我整理她的物品時，在她的桌子抽屜底部發現了這份文件。她成年後居住過的任何地方，都沒有我父親的遺留物。她與父親短暫相處後的這幾十年裡，關於我父親的回憶，她沒留下照片、信件或禮物，只有這張紙。當我瞥見軍隊制式表格上那零零落落的訊息時，眼淚都快要掉下來了。

想起母親時，我最常想到的形容詞是聰明、脾氣差、挑剔和堅定。她熱愛藝術和時尚，這也成了她的職業。從她年輕到中年這段期間，男人都覺得她很有魅力（不知為何有些人對我特別強調這一點）。然而，她從未再婚，我對這件事的猜測很簡單：她很難相處。

我的母親情緒不太穩定，但總可以指望她履行各種職責。她沒有伴侶，但有兩個全心奉獻的對象，其中一個是我（算我運氣好，畢竟也沒有其他人能照顧年幼的我），另一個是天主教。父親拋棄她時，她在教會裡找到安慰，並從人生丟給她的所有困難中找到了意義。她的信仰為她帶來了希望，包括在此生與來世都能看到更美好的世界。在她八十四年的一生中，她與諸多位虔誠的神父們建立了活絡又充滿關懷的關係。他們成為她的宗教嚮導、忠誠的朋友、知性上辯論的夥伴，而且就像心理動力學所揭示的，他們成為了她三歲時失去的父親和二十三歲時失去的丈夫的代理人。

從一九四〇年代到戰後那幾年，母親一直在等待我父親歸來，但都沒有結果。透過《伯克郡鷹報》（*Berkshire Eagle*）線上資料庫，我得以具體重現她生命中這段悲傷的時光。這是麻州匹茲菲的地方報紙，而我父親的家人居住在此。根據《鷹報》的報導，從一九四五年至四八年這段期間，「海倫．戴蒙夫人與她的兒子威廉三次探訪菲利普及露絲．范伯倫．戴蒙的家」。（令我驚訝的是，當年哪怕是地方的報社，都會費心記錄這樣的家庭探訪：這可能顯示出戴蒙一家在匹茲菲的地位，或是那個年代新聞產業的特性。）

我對於那些探訪沒有清晰的記憶，但腦海中確實有個模糊的印象：在四歲的最後一次探望時，祖父生病躺在床上。那個畫面孤零零地留在我的腦海中，沒有任何環繞的細節。我們對戴蒙家的探訪於一九四八年結束，當時我母親想必已清楚地意識到，等待我父親的歸來是無望的。

在一九四〇年代末期，母親其實有些精神崩潰了，而我直到最近才發現到這件事，就在我開始生命回顧以及做了所需的調查後。我聯繫了一位可能了解那段時期的人，也就是母親的表哥格里。格里在法國戰爭期間失去了一條腿，身體還算硬朗、頭腦還算清醒，但接近失智的邊緣，恐怕不久後就會去世。就像其他參與這個故事的人一樣，格里在他生命的最後幾個月及時為我解惑。他告訴我，當我母親意識到我父親無意回到她身邊時，她「徹底崩潰了」，於是到麻州附近的某個地方靜養。他猜測那一定是某種心理調養的療程。

母親對於父親拒絕回來感到非常失望，以至於在餘生中，她總是無法相信任何看似幸運的事。她老是懷疑事情最終會變糟，即便情況看起來很順利，也堅信命運會逆轉，於是避免表現出任何樂觀的情緒。某種程度上，這代表著面對殘酷現實的堅韌決心，其中也有迷信的成分：如果盲目地相信事情會順利進行，那麼接下來一定會走霉運。

她把這種警覺心傳承給我——這是我父親的另一個間接遺產。從小，每當生活中出現幸運的事情時，無論它看起來有多麼好，我都有種最終會出問題的恐懼感；無論遇到什麼歡樂，厄運都必然隨之而來。

兒童發展心理學家驚訝地發現，小時候會感到被父母拋棄的孩子，會長期害怕自己會消失。艾瑞克森稱此為「基本信任」，也就是說，如果人生早年沒有建立信任感，你就會不斷地去維護自身存在的穩定性和連續性。他寫道，基本信任的基礎是在安全的親子關係中建立的。關於照顧者和孩子之間的「安全依附」，許多重大研究都證實了艾瑞克森的臨床觀察。

在進行生命回顧時，我們也可借鏡兒童發展理論及相關研究的見解。儘管每個人的人生故事都是獨一無二的，但某些發展模式是所有人共有的，包括早期的安全依附與後來培養出的基本信任。因此，警覺心和戒備心太強的人就會發現，那些在童年時與父母關係破裂甚至是缺乏親情的人，也有類似的性格。所以在自我探討時，他們就不會太自責，還能找出彌補策略，像是有意識地建立能產生信任感的關係。在進行生命回顧時，只要以發展理論去分析，就會發現自己有些不安焦慮的性情是早期經歷造成的。

回顧自己的人生時，我發現了許多我錯過、並且需要努力彌補的事情。基本信任就是其中一項。了解我的童年究竟缺少了什麼，探索其過程與原因，並且接受它，就有助於我在熟年後重新處理基本信任問題以及理解所有的掙扎。

我很少欣然接受生命中的掙扎，然而透過人生回顧這套新方法，我發現有些歷程無疑是有益的：為了彌補不足，我發展出新的能力。六年級時，學校沒有進行公平選拔，就把我從棒球隊中除名，只因另一個男孩的父親跟教練很熟。我沒有父親為我站出來，不得不想辦法為自己爭取，於是堅持要有公平選拔。結果，我在賽季中獲得應有的上場時間。這不盡然是徹底的勝利，也的確不太公平（因為那個特權男孩真的很弱），但我確實因此上了一課，知道如何堅定立場。在多次類似的經歷中，自力更生成為我的重要應對策略；沒有父親的人生讓我發展出這種補償作用。

我母親在二〇〇六年去世，享年八十四歲，死於快速轉移的腦瘤，幸運的是，這沒有帶給她太大的痛苦。到最後，她依然堅忍並堅強，也始終保持壞脾氣直到最後一口氣。被轉移到安寧照護病房時，她非常不高興，因為那裡沒有空間放她珍愛的裙子。我

第3章

從過往的身分認同和人生目的繼續往前走

哲學家齊克果在日記中寫道：「要理解人生，需要往後看；要過好人生，必須往前看。」二〇〇五年六月，蘋果創辦人賈伯斯在史丹佛大學的畢業演講中，對這個原則做出更現代的闡述。當時我就坐在他身後的講台上，可以看到他的藍色牛仔褲，前面被黑袍給遮住了。在作為大學教授的四十年裡，我聽過不少畢業演講，但我可以毫不猶豫地說，這是最有趣的一次。在演講進行到一半的時候，賈伯斯分享了以下見解：

你無法預先把現在所發生的點點滴滴連接起來，只有在回顧時，才會明白它們是如何串在一起的。所以你必須相信，現在所發生的點點滴滴，終將在未來以某種方式串連在一起。[1]

齊克果和賈伯斯以自己的方式描述了生命回顧的關鍵悖論。回顧人生、檢視那些使我們成為「今日之我」的種種經歷，便得以全面、準確地掌握身分認同的核心特徵以及它們的形成過程。大多數人都有興趣理解自己的人生，所以人生故事是很有啟發性的。然而，生命回顧的真正價值並不在於檢索過往的歷史，而是讓我們有機會肯定現在、更新當前的身分認同，為未來定下新目的和方向。

不過，有些回顧人生的方式，對實現這些目標沒什麼幫助。坐在第一排看足球大賽的快樂回憶、旅行時在巴黎的米其林三星餐廳品嘗美食、與好友在湖邊待了一周釣到大魚、對青春夏日戀情的懷念、對逝去時光的懷想——這些都很有趣，但沒有其他重要的個人意義。

還有一些回顧過去的方式反而會帶來痛苦和遺憾：「如果當初我有勇氣開口……」、「我本來可以跟高中時的戀人結婚的」、「朋友病重而無法工作時，我應該借錢給他的」、「我不該浪費多年的時間去練習成為歌劇演員，因為表演的機會實在太少了」、「孩子還小時，我應該要花更多時間陪伴家人的」。在經典電影《岸上風雲》中，馬龍．白蘭度用憂傷的口氣說出：「我本該可以揚名一方的。」他充分詮釋了遺憾和後悔的樣子。

針對他所提出的生命回顧法，巴特勒醫師強調，這不是隨機漫步於各種雜亂的回憶中。想建立明確的身分認同，就要用有效的方式來重建過去。因此，你得慎選要回憶的事件以及回想的方式。想記取人生教訓，那麼負面回憶就可以扮演重要的角色。我們不需要否認或掩蓋無法彌補的不幸之事；面對悲慘的往事，也應該長久而深切地哀悼。可能的話，我們都該接受過去和當前的人生、從錯誤中找到價值、肯定現在的自己並成為自己想要的樣子。[2]

生命回顧要有效，重點在於承認遺憾及失敗，並且接受它們，畢竟那是無法避免的。事實上，失敗證明了我們是用積極而深思熟慮的態度去生活；從未失敗過，就代表從未嘗試去做有挑戰性的事情。從未後悔過，就代表不肯承認自己犯過的許多錯誤。遺憾和失敗不是問題，但不要讓它們無止盡地困擾你。生命回顧有助於化解負面的回憶和心情，讓它們成為人生意義和肯定態度的背景。正如我自己的回顧歷程，一方面找出難以理解而導致遺憾及失敗的狀況，並確認從當中學到了什麼。

生命回顧不光是要化解遺憾和失敗，還要將它們置於生命背景中，也就是你被賦予的人生。它描繪了在成為現在的我的經歷中，難免會碰到的挫折、所享受的滿足時刻、所擁有的關係以及對整個世界的貢獻。你也更能理解當初未選擇的道路和最終踏上的方向，也就是有捨而有得的成果。最後，我們終能接受走過的路、重新形成身分，並為明確的願景闢出方向。

自我認同的形成與修正是一輩子的工作

從多年來所經歷的無數事件和觀察中所串起的敘事，就是生命回顧。它貫穿了重大家族成員的過去，我們因此發現遍布於往日生活中的有意義線索。從這些線索看出發展模式，就能看清現在的自己和未來的願景，並更有意義地去理解自己的身分。

核心認同取決於了解自己（包括過去的行為、現在的特性以及家族長輩），並調整對未來的期望。把走過的路和想去的地方結合起來，才能理解自己的人生。正如有句古老的諺語說：「知道走過的路，才能看清要去哪裡。」

身分認同的形成是終生工作，始於青春期，並延續下去成為成年期的基本心理任務。它的初始結構是在青少年時期建立的，當時神經快速生長，才有足夠的智力來建立穩定的身分認同，而這兩種能力為：

- 將自己的不同行為和特徵整合成普遍特質，能完整陳述自己的性格。
- 系統性地設想未來，並改變當下的選擇。

運用這些能力，就能提示自己是誰以及要前進的方向，而個人認同就此孵化而出。

身分認同的許多元素都是「黏著的」，會跟著你的生命許多年。成長的地方就是一個例子。有首老歌是這樣唱的：「你可以將男孩從紐約帶走，但帶不走男孩心中的紐約。」離開兒時家園的人都有這樣的感覺：一直認為自己依然是希臘人、澳洲人、南方人、島民、都市人或鄉下人。即使從未再回去，他們仍保有對「家」的渴望及對出生地的強烈歸屬感。

其他黏著的元素包括宗教、社會階級、身體特徵和脾氣。對於父母是基督徒的人來說，就算長大後不會去教堂，也不認為自己是教徒，但那種宗教文化及其情感的基調，還是會緊貼著他的身分認同。在工人社區長大的人，即便獲得高學位、從事高階工作，還是會保有藍領的身分認同。對於體重過輕的孩子來說，即使長大後頭好壯壯，還成為運動好手，但那份脆弱感仍會揮之不去。

儘管這些基本的特徵不變，但個人認同會隨著時間而逐步演變，而不是鐵板一塊。身分的形成和重塑是終生工作，活得愈久，要修正的認同資訊就愈多；它們帶領我們做出人生中的許多決定和嘗試。

一路走來我們是如何做到的呢？人們會根據別人的反應來重新定義自己，比方說你是優雅或笨拙、慷慨或小氣、幽默或易怒，這些評論會影響我們對自己的看法。我們也會觀察自己的行為，以重新定義自我，比方更客觀地看待自己的成就，並擺脫舊有的自我觀感，不再說自己懶惰或無能。此外，有些人在里民大會上表達尖銳的觀點後，也會覺得自己很勇敢。

有系統地反思人生，就可以有意識地重新審視自己的身分，進而主動創造自己的未來，決定自己將成為什麼樣的人。在生命回顧的過程中，我發現成長中沒有父親陪伴，造就了我一些正面和負面的性格，如自力更生或過於小心翼翼。母親對於父親行蹤的保密，不僅限制了我家庭生活的發展，也讓我更難理解親戚並與他們建立連結。意識到這方面的問題後，我試著拓展社交能力，包括主動接觸遠方的家庭成員，讓對方知道我有多麼重視他們的回饋與建議。最具啟發性的是，我在本章結尾也會談到，我明白了為何自己會選擇令人意想不到的課程，並改變了我之後的人生。

對於自己是誰、如何走過這一段路有清晰的理解後，就能基於過去實際發生的事，改變當前的身分認同，以應對其他的任務，像是化解怨恨和遺憾、肯定人生，並設定前進的目標。

「目的」的力量：人生下半場也要有所追尋

有一種關鍵能力對於個人認同來說並不是絕對必要的，但只要擁有它，就可以提升並鞏固身分認同。它不是一種智力（雖然頭腦會發揮作用），而是能發展出「性格力量」的動力。這種能力就是「找尋目的」。在身分認同的所有支柱中，明確的目的是最強而有力的。我們數十年來致力實現的目的，能為我們的過去、現在和未來建構連貫性及穩定性的連結。

找到目的，就能帶領自己建構充實的身分認同；反過來說，如此有活力的認同會促使我們持續朝向目的前進。個人的認同和目的在成長過程中息息相關，是共生又相互支持的。這兩者多年來共同發展，所以生命回顧的主要焦點就在於檢視它們的交互作用。

作為發展心理學家，我對人生各階段的目的是如何發展並促成身分認同產生了興趣。我對這個主題的研究始於二十年前，我開始觀察青少年如何探索與創造帶有目的的認同感。接著我也關注中老年人對人生目的的追尋，研究對象從五十歲至九十歲不等。

我觀察到，不管處於哪個年齡階段，目的都是正面認同的關鍵。

長久以來，哲學家和神學家都把目的視為指引正確人生方向的要件。近年來，心理學和醫學研究也支持這種長期以來的假設，並整理出與目的相關的重要好處。它能創造動力、抗壓性、情緒穩定性、學術成就、專業成果、對人生正面價值的信任感，還能帶領我們走過不確定和困惑的時期。近來醫學專家（特別是老年醫學）認為，目的有助於維持個人一生的健康。[3]為此，世界各地的教育組織都致力於幫助人們找到目的並努力達成。目的的相關性質能激發人的動力、還能改善自己的境況，進而創造成就，為各種有益的事業做出貢獻。

在我的研究問世前，相關的精闢著作來自於奧地利精神病學家維克多・法蘭克。被囚禁在納粹集中營期間，他構思出一種心理學理論，即目的是應對生活中動盪、不幸和壓力的珍貴解方。法蘭克寫道，保持目的就能培養韌性來對抗焦慮、憂鬱和絕望等心理疾病。從積極的意義上來說，它可以提供靈感、能量和滿足感。這套理論是以英文出版，書名為《活出意義來》（*Man's Search for Meaning*），但事實上，法蘭克使用的德語為Zweck，意思為「目的」而不是「意義」。

法蘭克創立了「意義治療法」這種心理諮商學派，其理念是：目的應該作為美好生活的首要元素，而不是排在生物和物質欲望之後，正如其他心理學流派（像是行為主義和佛洛伊德派）所宣稱的那樣。法蘭克關於目的的想法是非宗教性的，也就是有目的地參與多樣的世俗人文活動。晚近，華理克牧師在他的暢銷書《標竿人生》中，從基督教與信仰的角度來解說目的。這兩本著作雖然重點不同，但都有充分強調目的的心理益處。

我的關注點則一直放在各種類型的目的（從平凡到英勇），它們為所有年齡、能力和背景的人們提供了方向、意義和成就感。我一直在研究各色各樣的目的，試圖解釋它們是如何發展，以及如何影響那些追尋它們的人。自從展開我自己的生命回顧以來，我愈來愈好奇，如何在過程中發現目的，並在回顧它們的軌跡時，找到新方式推動自己前進。

到底什麼是目的？我和團隊成員在開始研究「目的是如何發展的」之前，先研究了它在早期哲學、神學和社會科學著作中的使用脈絡。當然，我們會發現不一致之處——這就是語言的特色，即使在學術領域也是如此。但我們總算達成共識、找出定義，以描述這個心理能力的效用、獨特性和關鍵性。這個定義現在也廣泛應用於人類發展領域：

目的是致力於實現對自我有意義的主動承諾，並對自我之外的世界產生影響。

雖然目的與熱情、意義等概念有關（一般人常會交替使用），但它有自己獨特的定義。這一點很重要，科學研究不需要用多個術語來表示相同概念，也不該在不同場合以不同方式使用相同術語。醫生開處方時，使用的字詞與含義必須與藥劑師相同，否則病人會拿錯藥。同樣的，每個身體部位都有既定、可區別的單一名稱；如果「腎臟」和「脾臟」可互換使用，那腹腔手術就窒礙難行了。

只要是值得努力去完成的事情，背後都有更遠大的目的，比方說照顧孩子，或帶著自豪和社會責任感投入工作。除此之外，參與投票或為支持的候選人拉票，是為了盡公民義務；籌辦社區活動，是為了凝聚大家的向心力；參加宗教團體，是為了追求信仰和靈性成長；練習彈奏樂器、描繪日落的景象和創作詩歌，是為了追求美學上的價值。公司舉辦員工訓練，是為了指引員工在專業上繼續成長。

目的是較晚發展出的能力。我們實驗室和其他研究人員都發現，十二歲到二十二歲之間的青少年中，只有五分之一的人有發展出完整的「目的感」，十二歲以下的孩子則更少。許多年輕人直到快三十歲時才找到堅定的目的，不少人甚至在中年以前都是隨波逐流地過。一般來說，這種能力太晚發展是不尋常的，大部分重要的心理能力是在兒童和青少年時期迅速增長。[4]

研究發現，找到目的的年輕人有些共同點。第一步，他們在童年時會發現自己明顯的興趣和才能。[5]「正向青少年發展」方法的創始人彼得．班森（Peter L. Benson）將這種興趣和才能稱之為「火花」。他明白且有力地指出，每個孩子都有自己獨特的火花，若能將它們轉化為目的，並更加了解這個世界後，就會發現兩個道理：

（1）世界上有某些事物需要改進、矯正或補充。

（2）我自己有能力為此做出貢獻。[6]

某些目的比較艱鉅，像是降低罹癌的人口或改善貧窮問題，這得踏上一段英雄旅程。某些任務比較普通，像是養家糊口、努力工作等促進社會運作的日常活動。人生任務不必是英勇或非凡的，一般的目的對個人心理和社會都有益處。在回顧人生的過程中，有時會發現，當初自以為理所當然的某些活動和選擇，事實上都是由特定的目的所驅動，並在過程中讓我們得到滿足感。

高中期間，我對研究和寫作產生了興趣，期望可以成為記者或科學家，這成為我第一個具體的職業取向。我小時候想過要當遠洋船員（捕鯨）、棒球選手和軍官，這些都是男孩的夢想。但當我有了研究和寫作經驗後，兒時幻想就退場了，我轉而去追求更令人期待、更可能實現的未來憧憬。研究、發現新事物並公諸於世，是我覺得非常有趣、有價值且重要的工作。在我的一生中，這項工作以不同的形式出現，回顧過去時，我也清楚地看到串連起來的「點」。

我從來沒有想過，自己會從學校的課程中得到啟發，進而想要做去研究。初進高中時，課堂作業是我最不在意的事情。我在一個破敗潦倒的工廠小鎮長大，當地人都懷抱著反智心態，所以學術工作對我來說沒有什麼吸引力。但九年級的某次經驗徹底改變了我的求學態度。

當時我加入校刊社是為了報導體育賽事。雖然我年紀小，無法加入任何校隊，但我很喜歡看比賽，並與年紀較大的球員混在一起。身為文筆很差的菜鳥記者，我被指派去報導任何人都不感興趣的比賽，包括我們校隊與匈牙利移民的足球練習賽。當時，足球在美國並不是重點體育項目，足球校隊在我們校內的地位也很低。但結果，這場比賽非常精彩，匈牙利少年球員展現了他們在歐洲習得的驚人球技。

但這並不是真正引起我注意的故事。比賽結束後，我留下來與這群年輕移民聊天。從物質層面來說，他們擁有的東西顯然很少。母親為他們準備了淋上培根油的青椒三明治，當時我為那些吃這種午餐的男孩們感到難過。然而，他們卻精力充沛，在新的國家過得很開心。他們談論來到美國有多興奮，離開艱苦的生活、來到政治自由的環境，全家人都對美好未來充滿希望。我因此開啟了眼界、認識了陌生的文化和歷史，內容遠遠超越我所聽過的。

我的文章刊出時，朋友們讀了都說很有趣。隨後，我累積了更多報導和寫作經驗，也就更加全心地投入到相關課程中。我決心學習相關技能，以便能追求這個新目的。後來我成為研究人員，而這個志業可以回溯到我在校刊社所得到的滿足感。

在我們那個年代，師長都會要求同學根據自己的愛好、才能和信念來建構目的。這是項挑戰，是過去世代人罕見的特權，因為他們的人生方向，大多是由社會、宗教或年輕時所接受的工作等現成的使命感來定義。為自己選擇職業和使命感並不容易，所以在我們的研究中，年輕人大多是沒有方向地隨波逐流。當中有些人正在尋找有意義的人生任務，但沒有成功；有些人甚至沒有尋找或早已放棄，而這群人最難擁有目的並體驗其中的諸多好處。

不過在這個混亂的時代，要找到目的還有一些新難題；與前幾代人不同，我們幾乎沒有共同的國家認同感。現代人憤世嫉俗，所以像團結、奉獻這樣的集體理念或原則，早就已過時了。與我的人生相比，父親的人生旅程有一大不同處，就是在他成長的那個時代，一整代人都捲入了第二次世界大戰。看著父親從學生變成士兵，這些資料令我清楚地意識到，像許多同時代的人一樣，他被徵召入伍時才找到了人生目的。

如今，人們對於容易拾獲的現成目的已變得淡漠。各種信仰體系和機構，無論是公民、學術、宗教或文化性的，都會受到抨擊、不再站得住腳，或是因民眾缺乏興趣而逐漸消失。最後，許多人甚至不再找尋人生目的了。

這就顯示出一個難解的問題：不尋找目的的人如何能得到方向呢？每當有機會遇到比我有智慧的人時，我都會想提出這個問題。達賴喇嘛的西藏之家在溫哥華開幕時，我是受邀與尊者公開對談的六位學者之一。每場演講結束後，講者都可以提一個問題，於是我問尊者：「如果人們不主動尋找目的，該如何幫助他們？」當時的我只能大致理解達賴喇嘛的回答：「你應該向人們展示，沒有目的的生活是多麼貧瘠，而有目的的生活能產生多正面的影響力。」他強調，兩者缺一不可，而且盡量以戲劇化的方式去呈現。就我當時的理解，無疑是對大師的大智慧有點失禮，但這不就是「胡蘿蔔加棍棒」的軟硬兼施法嗎？

透過對人生的自我審視，我就能更具體地理解大師的回答。我在校刊社工作時，發現了自己對研究與寫作的熱情，而這就是吸引我前進的「胡蘿蔔」。但大約在同一時間，我也遭到「棍棒」的重擊。當時有位老師非常關心我、留意到我學習態度不佳，在他的嚴厲指導下，我才擺脫了對學業百無聊賴的態度。每周我交出作業時，總會不明智地補上一句「這份作業應該沒那麼重要吧」，這位年長、嚴厲又關心我的老師，就會叫我坐下、盯著我看，時間彷彿靜止了……最終他會大喊：「戴蒙！我希望你永遠記住，你在這個世界上所做的一切都很重要！」這句話傳達了目的的重要性，而我一直牢記在心。

有趣的是，另一根棍棒來自達賴喇嘛本人。在對話的過程中，他也有機會向每位對談者提出一個問題。尊者轉過頭來，目光精銳地看著我，問我打算要採取什麼行動來實踐我在演講中宣稱的好想法。我承認，當時我感到有些茫然。在不斷反思後，我激勵自己要深耕教育領域。只要有機會，我就會走訪學校，分享我的研究成果，並與教育工作者合作，想方設法讓從小學到大學的各級課程和作業更有目的性。

青春期過後，成年人開始致力於可用一生追求的目的：建立家庭、盡心工作、侍奉上帝、推廣自己珍視的事業或積極參與公共事務。青壯年人野心勃勃、期望高、有理想，渴望實現目的。到了中年時，我們就會認清現實，看看早期的希望和夢想還剩下什麼，由此生出的目的比較能持久，並足以定義自己的身分認同。我們開始回顧過去，看看哪些是有用的，以此來調整對現在和未來的期望，接受現實中已成功和失敗的事情。

進入老年後，我們得替換掉自己在早年有投入心力的目的，並據此建立新目的。由於年齡的增長，一些目的已經過時了。退休就是一個門檻，無論醫生多麼致力於治療病人，一旦退休，就無法再懸壺濟世了。在家庭方面，孩子長大並建立了自己的家庭後，照顧家庭的目的就要更新與縮小。父母仍希望孩子過得好，但不再需要像以前那般密切注意並確保他們安全過馬路了。

實現或超越早期目的後，就可以尋求新的了。我們仍渴望追尋，也將有額外的時間來完成世界上其他重要的事。因此，老齡化專家馬克・費里德曼（Marc Freedman）將人生下半場稱為「安可」時期。[7]

我們在史丹佛大學的團隊研究了一千兩百名五十歲至九十二歲有代表性的中老年人，發現當中大多數的人都有完整的目的。令人振奮的是，成年人（尤其是中老年人）普遍都有人生目的。整體而言，在六十五歲以上的族群中，有目的的人比例高於中年人；而後者又高於年輕人和青少年。因此，這種基本能力在整個生命週期都會不斷增長。[8]

我們還發現，許多老年人都是以目的為導向的貢獻者，這打破了一般人對老年人的普遍刻板印象：退下重要的人生角色、成為社會負擔或只顧著享樂。他們不只是坐在家裡打毛衣或出去打高爾夫球。在研究中，我們觀察到許多老年人在退休後開始從事「安可職涯」，例如當顧問或從事居家護理工作，讓自己的生活充滿了新目的。

跟年輕人一樣，目的明確的老年人適應性也強，不但有活力和韌性，也有興趣學習新技能。老年人想追求的目的很廣泛，遍及各個生活範疇。有些人想擔起新的家庭任務，像是照顧孫子；有些人在社區當志工，或是投入慈善工作，為改善貧困問題的非營利組織募款。有些人熱愛藝術，開始畫畫、講故事或表演樂器。有些人致力於照顧流浪貓或自己的寵物。有些人則投入宗教或其他靈性活動。我們的研究還顯示，老年人在追求目的上，不受健康或經濟狀況的影響，不論是哪種背景、社經地位、種族和性別，都能廣泛地找到興趣。

對於目的的尋找是永無止境的。隨著年齡的增長，我們也想懷有新願望、承擔新任務。過程中，我們運用了在早年培養起來的興趣與能力，用過往的成就來為之後人生的意義、成就感和追求共善奠定基礎。在生命回顧中，我們可以聚焦在這些有意義的事，加速發現「安可」目的，並在回顧早年生活的驅動力時得到滿足感。

追尋目的是一種終生的需求，即便年齡增長還是一樣重要。年輕時，我們展望未來，往前方看出一條直線。回首過去時，便會看到它持續發展、蜿蜒曲折而更加難以預測：為了適應不斷變化的環境和世界，目的也會隨之改變。生命回顧能幫我們回顧和串連過往的點滴。從青春期的第一個目的開始，我們回憶起人生中的目的，將它們與當下的情況結合起來，並設想進一步發展的機會。

在被設定的框架中找出路

正如我在本章前面所提到的，高中時代是我發現人生目的的源頭。就我對於達賴喇嘛那番話的理解，在九年級時，我既有「棍棒」也有「胡蘿蔔」的經驗：前者是嚴格但關心我的老師對我的嚴厲訓誡，後者是我在校刊社找到的熱情。

我在那篇報導中沒有提到，我們學校環境有多特別，而我又為何去那裡就讀。我一直都知道那所學校很不簡單，但直到最近在家庭探索中，才發現到我去那裡的緣由，而我對身分認同的形成過程，也因此大大轉變了。正如我在第二章所提到的，第一次拜訪維娜姑姑時，她告訴我，我和我父親念的是同一所學校，這是我之前從未知道的事，所以我非常驚訝。

這所學校是「菲利普斯安多佛學院」(Phillips Academy Andover)，咸認為是世上最優秀的寄宿學校之一。但在我成長的環境中，安多佛並不廣為人知。我的朋友和親戚都住在破落的布羅克頓（Brockton），沒有人聽說過這個地方。有一次，當我從安多佛放假回家時，朋友們都以為我惹上什麼麻煩，所以被送到「漢諾威」軍校。這就是他們對此的了解程度。我來自布洛克頓，家中的經濟狀況屬於中下階層，像我這樣社會背景的男孩去讀（甚至是知道）安多佛這種私立菁英學校，可能性幾乎是零。[9]

那麼，我是如何踏入這所聞名的教育機構的呢？那裡距離我的家鄉五十多公里，還是個截然不同的社會圈和文化界。答案很簡單——我母親的主意，但其背後是我父親複雜而神秘的形象。現在我很清楚，母親急切地把我送去那裡，並申請了必要的獎學金，因為她知道父親會是那裡的學生，想必是試圖在我身上重塑父親的樣貌。

我母親的婚姻短暫且破碎，但她一定很欣賞自己所選擇的這個男人，所以才引導自己唯一的兒子走相同的方向。去見了維娜姑姑後，我才意識到這一點。我並不知道父親早於我二十二年在安多佛念書，更沒有意識到，其實我各方面正追隨著父親的腳步。

在安多佛就讀的時光改變了我的未來，它給了我機會去追求可以全心投入的目的，假如我進入不同的教育系統，就有可能找不到這些方向。最終，我找到目的並塑造了一生中扮演的主要身分，雖然這條路是我自己選擇的，但是有人在前方引導，我才能進入這個體系、朝向這些目的前進。進入安多佛的人是我，但這件事超出我的預料或控制，我沒有意識到它為什麼會發生。

我們是誰？這一切並非都是由自己決定的，只能在被賦予的框架內發展身分認同。

然而，我們仍然可以設法扮演主動的角色。透過生命回顧和接連的探索，我發現父親在安多佛的就學經歷與我的截然不同；他沒那麼認真，也沒什麼人生目的。那些經歷是由他自己的抱負、願望和性格決定的，我的也是。學校影響了他的未來，但所產生的作用力與我的不同。在通往身分認同的道路上，無論我們被置於何處，都會抵達某個目的，而在旅程中我們也會驅策自己。

第4章

重返母校，找尋我和父親少年時的身影

某個星期五下午四點，我小心翼翼地走上樓梯，當時學校沒有上課，四周看來沒有其他人。過程中，圖書館那熟悉的木製書架和發霉皮革的氣味，在我腳下逐漸消失。到了頂樓，我發現這條走廊非常安靜，靜到讓人懷疑，這幾十年來是否有人來過這裡。寂靜走廊的盡頭是一間辦公室，有一扇緊閉的毛玻璃門。我試著轉動把手，沒有預期門會打開，但竟然沒有鎖！房間裡有位女士獨自坐在那裡，她的微笑彷彿在說：「真高興看到有人走進我們珍貴的檔案室！」在那個不可思議的夏末星期五下午四點，這位優秀的檔案管理員幫助我探究我父親在學生時代的往事。

我很驚訝，原來我和父親就讀於同一所學校——菲利普斯安多佛學院——只是我晚了二十二年。在尋索關於父親和我自己人生的過程中，我意識到，我所尋找的故事關鍵，部分埋藏在這個把我們兩人聯繫在一起的學校裡。他在那裡度過了怎樣的時光？他過得如何？那些檔案揭露了他早期的哪些性格？

那我自己在那裡的時光呢？我只能以模糊、懷舊和不精確的方式憶起那些日子，畢竟這是記憶的典型特質。與父親的經歷相比，我在學校受的教育如何？除此之外，我對父親及我自己有同樣的問題：我們是如何度過大學時光的呢？再一次地，我又跟父親到了同一個地方——哈佛大學，這是我一直都知道的事實，所以它不像在安多佛的日子那樣帶有神秘光環。

前往安多佛檔案館的這趟行程，也是為了參加同學會。再度聚首本身就是一場穿越時空的旅行，感覺像跨越兩個世代了。我重新踏入古色古香的環境，宛如到了狄更斯筆下的場景，空氣變得濃厚，感覺更像是「舊」而不是「新」英格蘭。最能體現這種感覺的地方是保存學生記錄的舊場所，也就是古老的霍姆斯圖書館（Oliver Wendell Holmes Library）的頂樓。[1]

事實證明，我對父親、我們就讀的學校和求學經歷的調查，是這趟探索的亮點。我看到老師對我們的描述，看到祖母和祖父寫的信件（關於我父親）以及我母親寫的信件（關於我），還比較了前後兩代的學校氛圍，並根據記錄來描繪我們各自的性格。那個周末我離開安多佛時，感覺自己更加了解我的父親，以及我自己了。

有很多事情可以讓我們了解一個人：住在哪裡、長什麼樣子、做什麼工作、喜歡什麼樣的食物和音樂、有多少錢等等，但只有了解性格（character），才能知道對方真正的樣子。這個字詞源自於古希臘語，意思是「獨特的標記或印記」（像是輪廓鮮明的雕刻）。

這表明了性格與人的連結有多深，而這個字在網路字典的定義與其詞源非常一致：性格是「個體獨特的心理和道德品質。」[2]

在許多現代心理學的著作中，有個字詞與性格的意思大致相同，那就是「個性」（personality）。雖然這兩個字詞都能描述個人的行為特徵，但還是有明顯的差異。「個性」是指，我們期望在某人身上看到的某種一致的行為模式；而「性格」是指促成或扼殺「道德行為和品格」的行為模式。舉例來說，我們會用「神經質」、「愛玩」和「古怪」來描述個性。另一方面，諸如「誠實」、「公正」、「有同情心」和「負責任」，或是負面的「不誠實」、「自私」、「不負責任」等字詞，就比較常被作為性格的衡量標準。

性格是指在成長過程中所培養的行為。若這些習慣是美德，就能發展為社會優勢，並有利於大眾。因此，正向心理學家和教育工作者發現了這個古老字詞的價值，而我也用它來審視我和父親在學校生活中所表現出來的獨特性。

性格的形成從生命早期就開始了。它始於孩子們在家庭、友誼、宗教等種種與世界接觸的活動中養成的心情與思維習慣。孩子們透過他人的指導、觀察和反省自己的行為來培養習慣，若本質上是積極正向的習慣，便可稱為「美德」。

在童年和青少年時期，學校是培養及測試性格的主要環境。孩子有約三分之一醒著的時間都是在學校裡度過的，所以他們與老師、同儕的關係會對他們的行為產生久遠的影響。學校教育強調責任感、未來意識、誠實和勤奮等品格，雖然不是每個孩子都學得起來，但透過老師和同學之間的直接互動和間接影響，至少能意識到它們在生活中的重要性。

學校不該以單向的管道向青少年傳授美德。依據心理發展的原則，從多種方式和在多個環境下接收清楚而一致的訊息，效果最好。青少年在生活中各個角落都聽到類似的訊息時，便會把它們牢記在心。老師在課堂上解釋作弊會破壞學習宗旨、家長強調說實話的重要性、體育老師揪出犯規行為並指出它會違背公平競爭的原則、朋友們提醒謊言會破壞親密關係和信任……諸如此類，學生們便能深刻並永久地體會到誠實的價值。他們能親自體會到誠實的作用力，並理解這對於現在和將來的每一段人際關係都是必要的。

不過，就算在學生時期沒有表現出美德，在日後的生活中還是能培養這些品格。這與過時的心理學理論完全相反，以前的學者認為，性格在很小的時候就已經定型，但事實上，只要我們還活著，性格發展的可能性就永遠存在；從自己的經驗中成長，尤其是從錯誤中學習。許多在校時常犯錯的學生，只要想起當年師長的訓斥與懲罰，將來也總有改進的一天。即使離開學校許久，現實生活還能讓你培養好性格。一個人在學校的表現並不代表他一生的故事會有既定的樣貌。

童年的習慣雖然會留下痕跡，但大多數會消失。習慣逃避社交的孩子也許變得外向一些（研究發現，甚至會變得合群），雖然他的害羞表現可能會時不時再出現。我們都很複雜。就像詩人華特．惠特曼在詩中談到自己時也寫道，人都是「包含眾有」（contain multitudes）的。每個人的性格就像一組特製的大拼盤，都是反映出自己特別的生活經歷和個人選擇。有些特徵反映了長期的行為模式，有些則反映了改變後的行為模式。要充分了解一個人（包括我們自己），就必須盡可能地多探索對方的人生故事——從頭到尾。要了解某人全方位的行為範疇，就必須先體認到，性格的形成是很複雜的，也會隨著時間推移而有所轉變。

回到過去的檔案之旅

這位樂於幫忙的記錄管理員從書架上拿出一本一九五〇年代的舊書，上面列出已經去世的校友。在埋藏著數千名安多佛逝者的名字中，她發現了「菲利普．戴蒙中士」。好吧，我在心裡嘆了口氣，至少我不是唯一一個相信我父親死於戰爭的人。那位女士接著找到了一些識別代碼，在它們的引領下，她燃起了追尋的快感，帶著我走向她辦公桌後面的一扇門，而那個房間令人驚喜的程度，就跟打開圖坦卡門的陵墓一樣。在我面前擺放著一排陳舊的鋼製文件櫃，就如四〇年代黑色偵探電影中的辦公室擺設。我無需埋首找尋，因為某位勤勞的檔案管理員已編好索引代碼，我打開特定的櫃子，在一個厚厚的紙板檔案盒上，看到我父親的名字。

回到前方的辦公室後，我慢慢地打開盒子，時間就此停止了。他的父母（我的祖父母）寫給學校的信依然清晰可見，內容充滿家長的關切之情。裡頭還有成績單以及輔導老師和級任教師對他的行為、性格、才能和態度的長篇大論。最後那一項的評語不太好——原來我父親是個懶惰鬼。他在學校待了三年，因為荒廢學業和散漫無章而被退學。在那段日子，老師們有很多機會來記錄他年少時代的性格，於是留下許多資料。他們詳細地描述了我父親青春期的行為，但卻帶著當時常有的偏見與態度。

作為教育工作者和發展心理學家，我相當熟悉現代老師對學生的評論項目，最常見的有壓力指數、自尊高低、興趣等，而有特殊學習障礙（常見的有慢性疲勞症候群、閱讀障礙、注意力不足過動症）的學生，數量更是驚人。老師的報告大多會展現同理心，並以兒童的發展狀況為主；在判斷學生所面臨的學習問題時，也會參考醫療上的診斷。相較之下，老師對我父親的評語則充滿了訓誡和貶義詞，像是「懶惰鬼」、「懶骨頭」。像現今表現不佳的學生一樣，他也有學習問題。但老師的評論卻並沒有傳達出同理心與擔憂，也沒考量到他只是個孩子，只是一味表達對他的不滿。成績沒有達標、表現令人失望，老師認定這是他自己造成的，全要歸咎於他的做事習慣和性格，而不是考量到他可能有難以控制的醫療狀況。老師敦促他要多努力一點，而不擔心他承受了多少壓力。

雖然如此，那些老師們確實很關心他的狀況，針對他的缺陷寫下了冗長而令人擔憂的陳述，並附上迫切的建議與改進方法。這些資料非常詳盡，對於我的調查工作來說就像寶庫一樣。他們下筆的語氣很嚴厲，但內容十分豐富。我因此更了解當時的教育文化，知道更多我父親的往事以及其他新的關注點。

那年的後半年，我繼續在安多佛搜尋資料，包括查找我自己的學校記錄。接著，我探索父親在哈佛大學的記錄；在第二次世界大戰開打、投身軍旅前，他曾在哈佛大學讀了兩年。父親的大學記錄不如他在安多佛的資料那般令人回味，但仍為我的探索之旅提供了更多的線索，還發現到一顆神秘的寶石。最終，為了完成整個搜索任務，我也找回自己的哈佛記錄，同樣的，它們也不如安多佛的檔案那麼有啟發性，但仍有助於填補我對大學時光的記憶。有了這些豐富的資訊，我就能著手研究我們兩人的性格在學生時代是如何發展的。

人不輕狂枉少年

每所學校都會建立某種道德氛圍，把學生包覆在其中，並對它們留下持久的印記。菲利普斯安多佛學院於一七七八年創立，其使命是培養學生的學業成果與品格（今日會稱之為「知識與善良」），校訓是「我為人人」(Non Sibi)[3]，在我和我父親的年代，這條道德規範定義了品格及教育方針。「我為人人」是本校道德傳統的根源，好幾代安多佛學生的入學訓練都以此為核心，務必要養成他們利他的性格與言行。

然而，儘管有這種傳統，品格教育也會隨時代演變，學校在這方面的努力會反映出當時的價值觀，並體現於指導與評估學生的方法，不論是在安多佛或其他學校都是如此。我父親就讀時，學校某些方面有延續到我的時代，但另外有些差異則反映了多年來兩代之間的美國社會變化。

最值得注意的是，在我父親的年代，校風與校規都非常嚴格，但到了我就讀的時期，雖然校方對學生的期望沒有太大的改變，但執行方式寬鬆許多了。

最近有本書探討了布希家族的政治王朝，當中有段描述很有說服力，可用來顯示安多佛學院從我父親到我的時代的變化。[4] 原來，老布希總統比我父親早一屆，而我比他的兒子小布希早一屆。在我父親（老布希）的時代，也就是一九三〇年代中後期，安多佛的樣貌是這樣的：

> 學校致力於「全人教育」。課業當然很重要，但紀律和品格更重要，對服裝、餐桌禮儀、學習方法和態度，校方都有嚴格的規定。校長克勞德·福斯不時在校園裡走來走去，那筆挺的白領子就像脖子上一片高高的白色柵欄，他從上頭向學生和教職人員大聲發號施令。[5]

在我（和小布希）於安多佛的那段期間（一九六〇年代初中期），服裝、舉止和治學態度的規定仍很嚴格。我們每天早上七點要穿著外套、打著領帶，在早餐前先去教堂，但新英格蘭是那麼寒冷，人人都頭昏無力、步履蹣跚穿越校園。但校園不會有老師或舍監四處走動對我們發號施令，學生與大人的互動是輕鬆而沒有距離的。這本書還精準地描述出一九六〇年代的學生風氣：「校園裡瀰漫著嘲弄的氣息。」

當年《生活》雜誌的記者寫道，他在參觀我們校園時，發現學生都抱持著「消極主義」，這篇報導在當時激起了更多安多佛學生的嘲諷。對此，學校的管理階層回應道，這只是透露我們比從前的學生更帶有「個人主義」。有位師長還擔心我們缺乏了「團體意識」。但安多佛確實呈現了六〇年代的氛圍。

父親和我在安多佛的求學過程還存在另一個關鍵差異。不只是學校在演變，兩者的社會及經濟環境也大不相同。我父親在傳統的新英格蘭家庭中長大，長輩都是典型的白人新教徒，理所當然地會把孩子送到菁英預備學校。我的成長過程與父親的家族完全脫節，是個截然不同的世界，我由單親媽媽撫養長大，她的新移民大家庭提供了些許微薄的幫助。我在公立學校讀到九年級，然後懷著希望去到布羅克頓高中，希望能爭取更多獎學金，好進入任何願意錄取我的大學。直到我展開生命回顧後，我才知道，母親在我不知情的情況下安排我步上父親的求學之路。

正如我父親的學校記錄所揭露的，我們兩個人的求學之路並不相同。我在安多佛的人際關係和學業發展都遇到困難，很難融入其中。我非常用功，但效果不佳，一開始挫折感很深。有段很長的日子，我痛苦難忍、勉強度日。但憑著毅力，我克服困難、找到自己的優勢和興趣，取得了足夠的學業成果後，終於獲得哈佛大學的錄取資格。當時，校內的課業競爭非常激烈。相較之下，我父親一開始就很享受在安多佛的時光，就是現代人所說的「玩得太嗨了」。他輕鬆自在地度過了三年，浪費掉所有的發展機會。然後，由於學分不夠、成績不及格，他就被退學了。

但我父親在安多佛的失敗是難以預料的。上高中前，他都展現出巨大的潛力。他當時就讀於麻州西部的一所小型寄宿學校，那裡專收七年級和八年級的學生，而他班上只有四名學生。每個學生想必都受到大量的關注。校方在給安多佛的推薦信中，熱烈地稱讚了他的性格和聰穎，但對於他的學習態度（「在壓力下表現最好」）和叛逆天性（「令人厭煩的愛爭辯」）有一絲擔憂。

菲利普．戴蒙為人正直、光明磊落。毋庸置疑，他的能力非常出色。他學得很快，推理能力很好，而且擁有非比尋常的大量基本知識，但並不是特別具有獨創性或想像力。像許多男孩一樣，他用功勤奮，在壓力下表現最好，我們相信他能面對大學校中更激烈的競爭環境……他目前的主要問題是愛爭論，但由於他本性公正而明智，所以我們堅信這只是過渡時期的缺點。

然而到了安多佛後，父親就辜負了這些多數正面的期望。九年級的輔導老師指出：「他的學習表現一般，沒有達到應有的標準。他無法承受課堂上的壓力。」輔導老師將此歸因於我祖母的過度溺愛：「母親和男孩的關係容易變得沒有原則，尤其是男孩會因此更加軟弱。」

儘管如此，這位輔導老師還是讚美了父親的個人素質：「個性很好、很受歡迎，他的『狗派』相處模式很有魅力。他是非常好的男孩，對人事物總抱持著開朗的態度。」老師有句評語讓我困惑不解、想來又覺得好笑。他說，我父親「真是個混蛋」(dick，我確信老師不知道這個字在現今的意思)。我父親第二年的報告中也指出，他是個「非常能幹的爭辯王」(dicker)。儘管做了大量的研究，我還是無法確定這個字在一九三〇年代指的是什麼，我猜想是指有魅力的無賴吧！語言總是在進化。

翻開父親在校第二年的評估報告時，我很驚訝看到一個名字、並聽見這個熟悉的聲音，我認出來了。父親在安多佛的時間並沒有離我很久，所以等到我入學時，一些認識他的老師仍在學校裡。我最喜歡的英語老師萊維特（Hart Day Leavitt）在我父親十年級的報告中，生動地描述了他。我所認識的萊維特老師慈祥又和藹可親，但他卻尖銳地總結了我父親的表現：

> 他的價值觀基本上是完好的，但沒有強烈的企圖心。頭腦還算靈活，但談不上有條理。一點也不勤奮。成績非常不穩定。總體說來，他遠遠沒有發揮他應有的能力，所取得的成就很少，也沒有深入思考任何事情。

萊維特老師確實稱讚我的父親有「充分的幽默感」，但附帶加上告誡：「問題在於，他對自己的失敗也是一笑置之而無所做為」。他的優點是隨和、合群、風趣又值得信賴，缺點是不夠努力。他成績不理想的原因很簡單：「懶惰」。還有一句令人惱火的附註，「他的房間是整棟樓整年來最亂的」。

讀著這些文字，我的腦海裡彷彿聽到這位恩師的聲音，像從前一樣迴盪在教室裡，講解著莎士比亞和喬叟。二十年後當他看著我時，是否想起了我的父親？他知道我們是父子嗎？他會如何看待我們的相似與不同之處？遺憾的是，萊維特老師在我開始這趟自我探索之旅前就去世了，所以我唯一擁有的，就只有那些易碎舊文件裡的文字了。

我父親愛閒蕩又懶散，所以在安多佛惹出愈來愈多的麻煩，檔案中滿是不及格的成績、師長的警告以及留校察看的日期。一篇又一篇的報告都充滿了對我父親的憤怒，「態度惡劣」、「不夠認真」以及「不願付出心力」。老師們覺得他「能力非凡」，所以更生氣了。其中一位寫道：「每當他下定決心時，都能比其他同學做得更好。」到了十一年級，他被視為「棘手案例」，還對同學產生了「不良影響」。

他的行為變得放浪不羈：「戴蒙經常在鎮上廝混，給人的印象很差，彷彿不在意自己在安多佛的學業。」不少師長寫他「對女孩痴迷」，同時與眾多對象約會，想想看，他是住校生，這可不是一件容易的事！他還疑似裝病來逃避課業。

有時，醫生沒辦法找出他哪裡生病了，但他會說自己不舒服……病得很重，找藉口不來上課，但下課後突然一切都好了。報告指出，戴蒙會設法讓自己生病（但我們無法、也不想試圖證明這一點）。詹姆斯老師有次發現，他發燒了，穿著睡衣躺在床上休息，而窗戶是打開的。

我父親在校的糟糕表現造成了他經濟上的損失。在安多佛就讀期間，他總共被扣除掉二千三百三十美元的獎學金，那是當年學校用來資助品性良好的學生。以今日的物價來算，他損失的金額相當於四萬一千六百六十七美元。雖然我祖父母的經濟能力還不錯，但遠遠稱不上富裕，而且他們是崇尚節儉的新英格蘭人，對這筆損失想必是很痛心的。

我父親一再的失敗喚來了我祖父母的來信，他們懇求院長和校長提供更多協助，請對方寬大為懷，再給我父親一次機會。祖父母深感痛心、為任性的兒子求情，讀到這些信件，我感到非常難過。他們的焦慮和失望自每一頁流淌而出。更令人難過的是，祖母提到了祖父的一些初期症狀，而後來才確診是多發性硬化症，並在祖父五十歲時奪走了他的性命。祖母雖然很難過，但沒有意識到那些症狀會造成致命的結果；她的憂慮顯現在文字中，而信件更增添了悲傷的氣息。

多年後的今天，我對他們為人父母的苦痛深感同情。我很珍惜這些情感真摯的信件。它們出自於我祖父母之手，是我從父親在安多佛的檔案中找到的，也是我唯一從他們身上得到的信件。雖然這些信不是寫給我的，但它們對我意義重大，是我父系家族唯一留下的痕跡。除了他們的價值觀，這些信件還提供了許多線索，讓我看出祖父母對父親性格發展的影響：祖母的過度溺愛，以及祖父的慈愛和嚴厲的道德觀。他們還表達了對兒子的付出，而他在不到十年後成為了我的父親。

我父親最終在第三年結束時被安多佛退學，我的祖父母因此感到非常失望和沮喪。接著他被送到了一所規模較小，要求較低的寄宿學校，而成績還是一樣差強人意。即便如此，一九四一年春，他還是錄取進哈佛大學第一九四五屆。什麼樣的標準能納入像我父親這樣的考生，這超出我所能理解的範圍。哈佛收到許多警告：在我父親的檔案中，有一封描述他高年級狀況的入學推薦信特別顯眼：「由於懶惰，也由於單純的執拗，他從未做到他能力所及的程度……如果他願意，表現就會更好。他未能取得出色的成績，可能是由於不成熟的個性，應該是被母親寵壞了。」

他被哈佛大學錄取是經濟大蕭條附帶產生的結果？在我父親申請大學時，大環境的影響仍然很明顯嗎？或者說，當時的招生委員對學生的潛力抱持著更寬容的態度，希望看似有能力的學生最終會大器晚成。除了指出我父親懶散，推薦信中也確實有正面的陳述：「他是我教過最聰明的學生之一，如果他能夠找到自己並全心投入到課業中，我相信他將會創造出優秀的成績。」或許哈佛招生辦公室希望他在上大學時能把自己變成負責任的學生。

可惜的是，這些希望最終被證明是錯誤的。父親的表現並沒有改變。他從未在大學裡「找到自己」，也不會全心投入學業中，課業表現依舊不佳，所以在大二時被留校查看。他再次被形容為「對女孩痴迷」、「派對狂」和「不受控」。當然，從我的角度來看，迷戀女孩帶來了有益的結果：他與我母親建立了關係，而我也很高興能來到這個世界。

父親不受控的言行，逐漸演變成無賴青年常有的惹事生非，也帶來了更嚴重的麻煩。憤怒的院長寫了一封尖銳的信，內容生動而詳細：他在當地的廉價酒吧喝得醉醺醺的，整個晚上到處調戲女生，而後與劍橋市的警察發生激烈衝突，最終在市立監獄裡待了一夜。值得一提的是，父親並沒有以畏縮難堪的態度接受警察的斥責，而是激烈地抗議警方以粗暴的方式對待他和他的同學。他的反應呈現出他勇於挑戰權威，而他接下來的軍旅生涯也因此與眾不同，特別是促成了美國軍隊的司法改革。

有趣的是，二十二年後的某個晚上，我和朋友們玩得太吵鬧，也被同個城區的警察訓斥了（幸運的是，他們並沒有通報校方）。我一直排斥對類似的情況做過度的聯想，畢竟，大學生難免會做出愚蠢的行為。但我從檔案中讀到這起事件時，確實留意到自己的心情有所起伏，我極度渴望找到理由來對照我與父親的言行。因此，對父親的探索，也成了我自我探索的一部分。

雖然從父親的學籍檔案中得到大量的資訊，但我長期以來對他的印象並沒有因此改變——他的確是個沒出息的無賴。然而，師長的訓誡中隱藏著一些跡象，顯示他有值得讚揚的美德。他絕不是無可救藥的（在我看來，任何人都不會是）。所有的學校記錄都顯示出他誠實、友善和富有同情心，總是被誇為「好男孩」和「受人歡迎」。他的道德素養——包括值得信賴——就常常受到稱讚。就連持懷疑態度的萊維特也寫道：「他的價值觀基本上是完好的。」

我很快就會了解到，透過從軍，父親找到了他從中學到大學時代所缺乏的人生目的。人的性格不會停滯不前，特別是在年輕時。人格特質是一部電影，而不是照片；生命經驗可以使人變好，也可以使人變壞。但重要的是，人可以改變自己，而方法通常是致力於更宏大的目標。在這個過程中，他們深入了解自己想成為的樣貌，並努力加以實現。

一九四二年，本世紀最嚴重的戰爭爆發了，在此最黑暗的時刻，父親自願加入美國陸軍。像他那一代的許多美國年輕人一樣，父親的學生時代乍然結束了。他進入無線電通信部門，至歐洲前線服役。從他穿著軍服的照片看來，他已變成神情嚴肅、訓練有成的軍人，不再是那個在學校嬉戲玩耍的軟弱男孩。他才十九歲，卻有著執行任務時的堅毅面容。他似乎已發展出著名心理學家安琪拉．達克沃斯（Angela Duckworth）所謂的「恆毅力」。[6]

沒有人能說明他自願從軍的動機是什麼；是愛國主義、對冒險的追求、對學校苦差事的逃避或渴望在人生中有所作為？是這些因素促使他離開舒適的新英格蘭、前往飽受戰爭蹂躪的歐洲中心去執行艱鉅而危險的任務嗎？正如我將在第五章探討的，從父親留存下來的從軍記錄看來，他有一項令人敬佩且出乎意料的特質：道德勇氣。

關於我父親的從軍歲月，紐約市政廳的記錄中還保留一項註記，現在只有我一個人對它感興趣。資料顯示，一九四四年二月二十六日，父親設法從他所處的歐洲軍事基地返回美國，並與我的母親結婚。這只是長年埋沒在歷史中的無數瑣事之一。我是那年十一月出生的，但父親已永遠回到了歐洲，至少就我的人生來說是如此。

在環境的影響下，我和父親走上不一樣的路

我對父親性格的各方面產生了興趣，連帶啟發我開始回顧自身的發展。我長期以來一直很關注性格發展，在職業生涯中，都是從科學的角度去研究。這正是發展心理學家的研究焦點，即探索人們如何養成內心和思維上的習慣，以及它們如何隨著時間推移而變成美德。遺傳、家庭、學校、宗教以及我們所成長的社會和歷史背景，在此過程中扮演著什麼角色？哪些經驗會影響性格？哪些人、想法和事件會促成我們的習慣？人們有什麼能力透過可行的選項來塑造自己的性格？

這些問題擺在一起，便能約略看出性格是如何發展的。可以確定的是，所有因素都

會有一定的作用，但哪些佔絕大多數，以及它們如何結合起來推動性格發展，就因人而異了。要檢視某人的性格根源，就必須考慮到父母的影響、生活經驗、同儕和其他人際關係、遺傳素質、宗教信仰，以及他為了掌握自己的命運而主動做出的選擇。

在我的人生中，只有一個同住的單親來引導我成長，也就是我的母親。結果證明，雖然父親從來不在身邊，但他仍改變了我的人生。即便他並不知情，然而我母親是因他才得知這個優秀的教育環境，並將我安置其中。極為諷刺的是，他自己卻沒有好好善用這一流的學習環境。但它就在那裡，準備好並等待著我，一個資源極少但卻滿懷抱負的男孩；不像我的父親，我有充分善用這一切。

除了父母的影響之外，性格還受到遺傳因素所影響。在其他因素開始出現前的生命早期，遺傳多少會影響我們的行為方式。我是否繼承了父親遺留下來的特質，它們在我年少時的行為中是否明顯？當我在比對自己於安多佛和哈佛的在校記錄時，這是出現在我腦海中的問題。

我在安多佛第一年的學校成績與我父親的差不多，充其量只能算是平庸的學生。以我輔導老師的話來說，我的表現「沒有啟發性」。他的評語並沒有令我感到驚訝。我對於早年在安多佛的記憶是「感到困惑、迷失而漫無目的」。我沒有做好充分準備。然而，意外的是，第一年的舍監形容我是「快樂又熱情的傢伙，做人親切、友善，看來總是無憂無慮」。這不是我記憶中的樣子，但現在我對此感興趣了，因為我發現父親在青春期時也有類似的性格。性格是遺傳而來的主要因素之一。

三年後，到了高三，我已經適應了學校。在我的檔案中，有一份院長為申請大學的同學寫的摘要，而今由於多個原因引起了我的注意。一方面，我看來已成為認真、努力的學生：「身材高大、修長、帶著眼鏡，表情相當嚴肅，智力和表現明顯優於平均程度。」另一方面，它證實了我有一種自以為沒有的特質：合群。（奇怪的是，報告中還包括了「安靜且害羞」，這一點我記得的比合群還要多。）報告中的我「整體上有想法和成熟」，它也記載了大量關於我父親缺席的錯誤資訊：「喪偶寡婦的獨生子，父親在第二次世界大戰中陣亡」。在那些日子裡，無知的泡泡完全籠罩著我。

舍監對我最後一年的描述也很類似，並帶有些許趣味性的告誡。他指出我「有能力、聰明，非常認真看待他的學業……他的目標不光是得到好成績，他對自己所研究的內容和想法非常感興趣」。他還談到我的社交能力，我初次看到時，覺得非常開心：「在宿舍裡，他的表現令人感到親切又友善。他總是彬彬有禮、和藹可親，並與尊重他的人關係都很好。他會熱情地參加聚會，以熱切的興趣、想法和良好的道德感參與討論。」

至於注意事項：

威廉最喜歡的莫過於愉快的交談，如果在學期間有這樣的機會，他會很樂意參與，甚至跟人聊到深夜。我認為，如果他能規範自己的作息，並於內外在建立秩序，他會變得更好。

他以心胸寬闊和自由為榮，但很容易擇善固執，只堅持自己的觀點，而它們往往是「標新立異的」。我確實有一點要批評的，那就是他的家務工作；他做得非常糟糕，幾乎沒有能力讓環境保持整潔或整齊。

這方面絕對有我父親的影子。我和他一樣愛交際、外向，也有一些雜亂無章的習慣，還有他固執和獨立的一面。我懷疑世上是否有懶散的基因（就算有，也隨著我長大而消失了，而正如我所知，他也是如此）。但我們並沒有擺脫我們特有的固執。在我父親的時代，校規不容質疑且要大力擁護，但他勇於質疑，並表現出了獨立性。在我的年代，青少年逐漸懷疑學校的價值觀，但我反而認真看待它們，並表達我的觀點。我們以截然不同的方式展現我們共有的獨立意識。而心理學研究也顯示，合群和外向的社交態度更容易由遺傳而來。我現在才發現，自己從學生時代起就很外向，所以我的人際交往方式，也可看成是我身分認同的一個環節。[7]

整體說來，我很清楚，安多佛對我與對我父親的意義完全不同。入學前，我毫無準備又徬徨無措，所以很珍惜這個能激發智力和學習的環境。我從一開始就立志要變得成熟又健全，我有很長的路要走，也欣然接受老師們的各項指導和訓練。父親覺得沒有這樣的需要。他成長於一個不同的世界，擁有我遠遠想不到的更多安全感和機會。別人輕易提供給他的東西，我都必須自己去爭取。對我而言，在安多佛的求學時光如奇蹟般，是個千載難逢的機會。這個認知喚醒了我的目的感，而這是我父親在學生時代所缺乏的。匱乏的好處是它可以生出野心。

我在哈佛的檔案中得到一份禮物，但它並不是書面記錄，而是我剛入學時的一張照片。在那張照片中，我第一次從我的臉部輪廓中認出了我父親的特徵；維娜姑姑九年前寄給我的一張照片，是我第一次清楚看到他的樣子。看到我的哈佛檔案後，我很驚訝於兩人臉部的相似度。我目前年事已高，與照片中的父親幾乎沒有什麼相似之處，所以在我開始探索時，認識他的人都說，我長得並沒有很像他。但當我凝視著自己大學一年級的照片，並對比維娜姑姑寄給我的父親照片（當時他也剛上大學），我才徹底明白，我是這個人的兒子。一張照片確實勝過萬語千言。

我在哈佛的檔案大多很像我在安多佛的資料，而且我的學業成績迅速超越了我在安多佛尚可的表現。哈佛招生委員評論我在的安多佛表現時，其坦白的言論把我逗樂了：「沒有人說他是個優秀的男孩，但都說他各方面皆高於平均水準。」上大學我開始學習社會和發展心理學後，便對學術工作燃起濃厚的興趣。我很高興得知我的高年級指導教授、偉大的社會心理學家羅傑・布朗（Roger Brown）對我的稱讚：「戴蒙是一位有創意、勇於創新、獨立自主的學生，我試圖說服他來念我們這裡的研究所，但他選擇去柏克萊。這對我們來說是個損失，因為他將會大有所成。」我以優異的成績畢業，並入選美國大學斐陶斐榮譽學會。

在社交方面，我的舍監布魯斯・巴比特（Bruce Babbitt，後來成為受歡迎的亞利桑那州州長和內政部長）稱讚我「興趣廣泛」、「熱情洋溢」及「個性好、能融入許多學生及教師的圈子」。我也很高興看到自己寫下的富有理想的人生計劃：「做人的目的就是不斷追求更高的道德標準和更堅定的兄弟情誼。」我仍然堅持這一點，雖然多年下來，我已學會以更中性的方式表達這種情感。

閱讀我與父親的高中和大學檔案後，我發現了鮮明的對比點和有趣的相似點。當然，任意找兩人來比較都有這種差異：人的大腦是高效能的分類機器，可以輕鬆進行類比和對比。但就我而言，這些比較提供了豐富的資訊，我因此更清楚地了解塑造我性格發展的關鍵因素，包括我的優勢、局限和行為模式，以及它們是如何影響我的認同以及我要前進的方向。

在我和父親的學校記錄之間，最明顯的對比是：我學業逐漸進步，他卻屢屢失敗。不過重點在於，要正確看待這種差異：學術上的成功當然不能說明人生歷程的一切。在這世上，有許多人學業失敗、但在職業生涯中表現出色，也有許多名校畢業生在生活中無所作為、甚至更糟。就我父親的情況，正如我們將看到的，他在大學畢業後服務於軍隊和政府，當中有許多值得驕傲的事情。總之，學校教育只是人生的一個階段。

當然，學校教育很重要，它是一個訓練場，讓我們學習工作的技能和知識，並培養勤奮、目的感、專注和責任心等良好品格。那段時光也很重要，大多數的人會在學校度過十五到二十年，是人生中很長的一段日子。就人生各種際遇來看，能良好適應學校生活的人，的確佔有一些優勢。

我和我父親在同一所高中和大學的表現天差地遠，可能的原因是，他童年時大人過度縱容他，而我在沒有特權的環境中長大。結果，出於純粹的生活需求，我變得比他更有野心。這自然是有其道理的。我記得，早在進入安多佛之前，我就渴望改善自己的處境。我還記得，在安多佛那段日子，我感到幸運又過得快樂；這點與我父親和我在學校裡的朋友不同，雖然他們的家庭環境比較好。在我那個時代，抱怨學校是很酷的事，而且往往是出自於社經地位較高的學生。這麼做有其社交魅力，但我總是不忍心說學校的壞話，因為它宛如是天賜的康莊大道，讓我走向未來、實現夢想。

不同於我的父親，我在學生時代的學習環境中找到了人生目的。除此之外，我們彼此最突出的性格差異，是他那一連串毫無責任感的行為。他逃避學業、裝病，讓為他付出心力的老師和父母感到失望；那時我祖父身患重病，但仍大力支持他。

我想知道，父親怎麼會如此頹廢、而讓他的家人失望呢？我的家庭環境不優渥，也很少有人會支持我，所以我學會認真看待責任，但充裕的生活讓我父親很少有機會去培養責任感。就像古老琥珀中的昆蟲一樣，令我祖父母失望又痛心的記錄被保存下來；他們寫給校方的信件，就放在那些很少有人觸碰的鐵櫃裡。

正如我母親後來體會到的，我父親在度過學生時代後，還是一樣任性而不成熟。至少就他未來人生的某個角色「新手爸爸」來看，他仍是不負責任的。我的維娜姑姑深愛著這位哥哥，卻也是以新英格蘭人直白的口吻對我說：「那是不對的。」我也認同這番話。

但人生總有辦法給予每個人新的機會。二戰開始時，從軍的號角聲召喚著美國年輕人，而我的父親也接受了挑戰。他的生活很快就變得沒那麼輕鬆了。從入伍到後來在其他單位的服務中，他培養出了責任感，也為他自身以外的世界帶來了真正的影響。在戰時，父親進入到他不熟悉的領域，充滿各種艱辛和難題，而他對此毫無準備。最終，他擔起了責任，正如心理學家達克沃斯在那本開創性的著作中所描述的，他獲得了「恆毅力」。[8]父親十九歲時，他突然面臨到現實世界的挑戰，從原本的性格從中鍛造出更完善、更堅定的面向。

第5章

服役與參戰所帶來的磨練

「我不懂你為什麼想要挖那些垃圾？」

這些令人沮喪的話來自我的理察舅舅，我母親的弟弟。我拜訪了他和他的妻子菲莉絲——兩人都已經九十多歲了，身體健康，心智能力也完好——希望他們能幫忙填補空白，好讓我理解父親的際遇。我母親已去世五年了，而理察是僅存的、與那段過去有所連結的家庭成員。

坦白說，理察不想談了，但我向他施壓。

「無論內容為何，我不認為我父親的故事全是垃圾。我想知道，戰後他選擇不回美國，究竟是為了什麼。」

「就是那個軍事審判，」理察嘀咕道：「他必須出庭作證。」

「紐倫堡？」想都不想，我就脫口而出，因為我在歷史課堂上有學到那場著名的軍事審判。

理察低聲說了一聲「不是」，接著就沉默了。我不確定他是記性不好，還是已經受夠了這場對話。但沒想到，菲莉絲舅媽出手相救。「是利奇菲爾德（Lichfield），對嗎？」理察勉為其難地點頭稱是。

這就是我從那次拜訪中所能得到的一切，但已經足夠了。這個英國城市的名字對我來說十分陌生，但事實證明，它是關鍵的鑰匙，能打開塵封的大門，讓我得知父親的服役經過以及我國歷史的新篇章。我因此看到父親嶄新的一面，更準確地說，在告別了懶散的學生時代、入伍從軍之後，他變成了另一個人。

在生命回顧的過程中，我看到我那素未謀面的父親是如何影響了我的人生，尤其是他為國家的奉獻與服務，更是觸動了我。在我對他的人生有一些了解後，也就更明白為何他沒回到我和母親身邊。我發現他此後的性格有所成長，截然不同於他的學生時期。

當然，他從來就不是個聖人；不管是拋妻棄子的行為或是為國服務的精神，都是他性格的一部分。和大多數人的一樣，他很複雜，既有令人欽佩的特點，也有明顯的性格缺陷，兩者之間並非不協調。我在他的人生中看到值得尊敬或可以諒解的言行，雖然也有不少行為令我感到困惑。我不確定自己能否將這些複雜的情感轉化為平靜的情緒，但至少現在我可以辨識出它們的本質，而我之前的困惑、不確定和壓抑的怨懟，已化解不少了。了解我父親的真實經歷，我才能將自己的人生建立在堅定的基礎上，而那些真相從前對我而言是模糊的。現在，我得以將自己連結上家族的歷史，甚至還延伸到世界歷史。我在萬事萬物間的定位更加明確，這是以前從未有過的感受。

在我拜訪舅舅和舅媽之前，我已經調查到父親在軍隊的資歷。一九四二年十月，他還在念大二時，就加入了美國陸軍通信部門，因而告別了懶散且漫無目的的學生生活，開始接受從軍帶來的嚴峻挑戰。一九四二年是戰爭最黑暗的一年。軸心國（德國、義大利、日本）的軍隊訓練有素，所以同盟國要拿下勝利沒那麼容易。年輕男女投入軍旅後，得面對佔領了歐洲、中東和南太平洋各地的可怕軍隊。英國和俄羅斯等被圍困的國家還在頑強抵抗，但沒有人知道是否可以擋下強大的軸心國。

我無法得知，父親會做出參戰的決定，關鍵是否在於愛國情操，但他跟其他新兵肯定都知道，自己可能會為國捐軀。無論他入伍的原因是什麼，在我看來，這個決定顯然開啟了他人生中的全新篇章。到了這個時期，他致力於追求自由、平等、真理和正義等道德理想。無論是在服役期間或退伍後到國務院工作，他在道德上都展現出前所未有的成熟。

接受新兵的基礎訓練後，他被送去受訓學習德語。接下來的兩年，他在歐洲前線的無線電通信部門服役。他那些年活動的具體細節已然消失在歷史中，但他應該和一三五通信兵團的其他同袍一樣，負責解讀由德國前線移動電台發出的訊息。這個工作和其他的低階情報工作一樣，雖然無聊，但風險很大。在破舊的偽裝車輛裡，他們長時間聽著無線電、過濾訊息，確實很容被發現和攻擊。

戰爭即將結束之際，一九四四年，父親被派到位於英國的某個軍事拘留中心當警衛，負責看守行為不端的美國士兵。這項短暫的任務只維持幾周，但派他前去的原因不明。但正是這段經歷，他才被寫進了史冊中。幾十年後，他未曾謀面的兒子才得以讀到他的證詞，而這場備受矚目的軍事審判，對美軍司法體系產生了久遠的影響。

為不人道的軍事管教挺身而出

「菲利普．戴蒙……利奇菲爾德」，我在搜尋引擎輸入這些字時，跳出了一個書名：《藍莓派：二戰對於參戰美國人的意義》（*Blueberry Pie: The Meaning of WWII for the Americans Who Fought in It*）。這是傑出的歷史學家奧蒂斯．皮斯（Otis Pease）在生命即將結束前寫下的回憶錄。

查到這位歷史學家的資歷時，我的心停了片刻。皮斯曾在史丹佛大學任教，我原本有機會走進辦公室去見他，但他在二〇一〇年去世了，就在我開始探索的前兩年。

皮斯本應該是極佳的資訊來源。他和我父親一樣，在匹茲菲長大，兩人從小時候就認識了。戰爭結束後，皮斯駐紮在倫敦，並在軍隊食堂裡遇見了我父親。那次相遇給皮斯留下了深刻印象，並寫入了他的戰時日記中。多年後，我在網路上找到這本書，以下是前面的段落：

> 我遇見菲利普·戴蒙（來自匹茲菲），當時他正在執行通信部隊的派遣任務，並在利奇菲爾德審判中作證。菲爾已經變成受過軍隊鍛鍊的哈佛男子……這裡提到的「審判」，是陸軍的一項調查工作。美國大兵若在戰時犯下軍法規定的刑事罪，就得在利奇菲爾德第十補給點服刑。不過，這個地方惡名昭彰，犯人都會遭受殘酷的對待。

這段記錄的日期是一九四五年十一月二十一日，當時的我還不足一歲，母親帶我回到布羅克頓，在她舅舅和舅媽的幫助下撫養我長大。二〇二〇年夏天，我們花了一個月待在匹茲菲，也造訪了我祖父母住的地方。顯而易見地，當年每個人都期待我父親在出庭作證、派遣任務結束後就回到家人身邊。但是，他在歐洲停留的那段期間發生了什麼事，足以令他不想回來？他在審判中發生什麼事，當時的心態如何？我開始挖掘利奇菲爾德審判的相關資訊時，這些問題加深了我的好奇心。

利奇菲爾德是英國工業中心伯明罕附近的小城市。第二次世界大戰後期，它成為美軍抵達歐洲前線的主要中繼站。這個維多利亞時代的紅磚營區，在軍事上的正式名稱為「利奇菲爾德第十補給點」（The 10th Replacement Depot at Lichfield），美軍在此整軍備戰。該建築群包括一處拘留中心，關押那些行為不端的士兵（例如晚上擅離職守、跑去城裡喝酒玩樂）。被囚禁在利奇菲爾德皆為低階士兵，大多出身平凡，有些來自農村，有些來自貧民區，白人和非裔美國人都有。對於這個碩大的陸軍中繼站來說，此拘留中心原本只是微不足道的附屬設施，但最終它變得惡名昭彰，掩蓋了原本的任務。

直到一九四五年、戰爭的最後一年，當局才開始注意到利奇菲爾德出了問題。來自俄亥俄州的羅伯特・海尼（Robert Henny）下士率先發難。這位年輕人在拘留中心擔任過警衛，那年一月回國後，便向當地的《刀鋒報》爆料：此中心的犯人受到殘酷的對待，十分令人痛心。海尼告訴記者，他曾在那裡看到警衛用塑膠水管暴打一名大兵，後者痛到放聲哀號。海尼下士試圖阻止，警衛不但沒有停手，反而威脅他。

由於戰時審查制度，《刀鋒報》當時不得報導這個經過。但報社編輯將此事轉達給一名國會議員，後者又將此事通報給高階將領。軍方展開了調查，並確定一名擔任警衛的中士（先前沒有任何瑕疵記錄）應被起訴，而罪行是虐待他所管理的美國士兵。

根據調查，這位中士對犯人實施以下七項「殘酷和不人道的懲罰」：

（1）強迫犯人將鼻子和腳對著牆原地快跑，最長達兩小時。

（2）強迫犯人吃過量的食物，接著叫他們喝下蓖麻油通便排出。

（3）長時間將犯人安置在沒有適當照明的房間內。

（4）命令犯人在惡劣天氣下到戶外擦洗地板，而且身上沒穿保暖衣物。

（5）強迫犯人手臂伸直，長時間保持固定的姿勢。

（6）強迫犯人吃下香菸。

（7）對犯人造成其他不必要、極度不適的情況。

經過漫長的審判，這名中士被定罪了。但這只是故事的開端，隨著審判的進展，軍方才發現這起虐囚事件只是冰山一角。最初以為是個案，後來事件愈滾愈大，調查發現，在指揮官的允許與政令宣導下，拘留中心的警衛可以蓄意虐待犯人。

令人震驚！這居然是利奇菲爾德的官方政策：嚴懲被拘留的士兵，好讓他們能抵擋誘惑，不再違反軍紀、逃避職責。主事的軍官們認為，在戰時，只要士兵成天擔心受到上級懲罰，就不會害怕上戰場。不少身經百戰的職業軍人還言之鑿鑿，說不少士兵為了遠離前線，會刻意擅離職守，或違反不痛不癢的軍紀。事實上，有位少校在參訪利奇菲爾德後，還抱怨拘留所對囚犯太好了：「中士，你對這些人不夠嚴厲，」少校說：「你又不是在開旅館。」

無論這些帶兵經驗有什麼優點或成效，但顯然地，利奇菲爾德懲罰犯人不僅嚴厲，甚至是殘忍且狠毒的，根本不符合比例原則。被關押的大兵常見的違紀行為包括逾時未歸、喝得酩酊大醉在鎮上過夜等，但卻因此被虐待到受重傷甚至死去。

利奇菲爾德審判歷時一年、過程錯綜複雜，而我才了解到，為何父親在一九四六年無法返國。我在一些文件中找到線索，以得知他作為此案證人的經歷，並推斷出他的某些性格。

審判最初在倫敦市中心的簡易法庭舉行。兩造都非常憤怒。那些可憐的士兵在拘留時被威脅、毆打、折磨以及剝奪基本權利，檢方聽到他們的證詞，自然感到非常生氣。這些士兵都是來自貧困家庭的年輕人，缺乏社會經驗，不知道如何反抗或保護自己。

辯方一樣很不滿，認為警衛只是聽命行事，卻因此被拖上軍事法庭上當眾羞辱。其中一名下令嚴懲囚犯的軍官，刻意裝腔作勢，以此表達對訴訟程序的蔑視。一位觀察員描述道：「他在證人席上待了五個小時，時間法官敲了十四次木槌要他遵守秩序。為了表達不滿，他像個小孩一樣（對著法官）吐舌頭。」

控方證人指出，自己受到辯方端的威脅，其中包括被起訴的警衛。他們進入證人所待的營區，且毫不猶豫地挑釁說，如果證詞對他們不利，一定會回來報復。五名證人被嚇壞了，因而拒絕出庭。在評估情勢後，軍方做出應變措施，改在德國小鎮巴特瑙海姆（Bad Nauheimh）的一間飯店舉行審判，好讓證人遠離警衛所駐紮的英國兵營。

在緊繃而戲劇化的利奇菲爾德事件中，人在倫敦的父親心情又是如何？皮斯當時在倫敦度過一晚，以下是他的描述：

我遇到了菲利普·戴蒙，還和他一起搭公車去西敏寺後方一堆華麗老建築中的邱吉爾俱樂部。那是個菁英專屬的美國機構，裡面有布置精美的英式房間。菲爾已融入在軍中受過高等教育的階層。他在哈佛待了三年，已有一個孩子。我們與英國軍官、擁有博士學位的美國下士技術員共進晚餐，並喝了雪利酒。後來，我們上樓到一間有華麗吊燈的豪華房間，聊著德國的處境有多糟，包括他們的笨拙和無能，軍官對付他們就綽綽有餘了，哪裡用得上我們這些訓練有素的美國士兵呢？菲爾喜歡在巴黎和倫敦的軍旅生活，對英國充滿熱情。我們在家庭和大學的某些瑣碎問題上有同樣的想法。然後，我們前往斯隆廣場，來到一家低俗的酒吧，環境骯髒而擁擠，裡面都是他在倫敦相識的各種人物。兩杯啤酒下肚後，這一些都變得可以接受了。我們走回華盛頓俱樂部，開始聊起了英國女人。

這段記述非常有詩意，而且內容豐富。皮斯對我父親的描述是很自然的，而不是精雕細琢的分析。因此，我對於父親在那個關鍵時刻的態度和人生目的，有了更確定的見解。

首先，最值得注意的是，在我出生一年後，我父親告訴人們，他「已婚，有一個孩子」。至少在當時，他沒有隱瞞這一點。不然有些人會猜想，父親把我母親懷孕當成是「錯誤」、感到非常後悔，一開始就決定遠走高飛。從文字中看不出來，他是否感到「被騙」而進入婚姻（就像維娜姑姑所推測的那樣），也不知他是否對於這段婚姻抱有嚴重的疑慮。至少父親肯對他人透露自己有妻子和孩子，這確實意謂著，隨著兵役結束，他接受了新的家庭狀況，也可能打算回家。

然而，他最終還是遠走他鄉，這在皮斯的文字中也可看到端倪。他熱切地與皮斯一起抱怨「家庭和大學的瑣碎問題」。我不確定他是否誤導了皮斯，因為他實際上在哈佛只待了一年，而不是三年，當然也一事無成。或許父親在大學期間過得平淡無奇，才會抱怨起校園生活。

最有意義的地方在於，從皮斯的講法中可以看出，父親對於巴黎、倫敦和軍旅生活的熱愛。他一定在自己的腦海中比較了一番：當年的麻州還很封閉保守，比不上高度發展、國際化的歐洲城市。結尾談到，兩人對英國女性都有好感，這讓我想起了校方對父親個性的描述「對女孩痴迷」。他在倫敦逗留期間，找到機會就尋花問柳；這也許是個跡象，他渴望拓展自己的情愛經驗，不想受限於在二十一歲時倉促結婚的女人。

讀完皮斯的敘述後，我能想像出來，這個年輕、意氣風發的美國士兵，被光鮮亮麗的歐洲生活所吸引。許多美國小鎮的男人都有類似的心情和做法；結束了戰場上的拚鬥後，流連在巴黎、羅馬或倫敦的街道。在那短暫、輝煌的時刻，美國大兵被視為英雄，屬於天使的陣營。歐洲人以自身豐富的文化和五花八門的娛樂，來慰勞這些漂洋過海、拯救舊世界、對抗暴政的士兵。在這樣的氣氛下，像我父親這樣的年輕人怎麼可能不好好享受呢？

但與其他戰友不同的是，父親的職責並沒有隨著戰爭的結束而停止。他捲入了另一場激烈的衝突之中，其中包括可怕的報復威脅和肢體暴力。然而，皮斯仍然留意到我父親對於「倫敦的熱情」。對我來說，這呈現出他在性格構成上的關鍵特色。他是怎麼釋放心中對審判的恐懼呢？是勇氣？或是海明威所說的「在壓力下保持優雅」？還是他的本性？或是成長經歷使然？打從學生時代，他就是個辦事馬虎的人，在利奇菲爾德審判期間，他的冷靜舉止是否源自於他悠閒而散漫的性格。或者說，他被傳喚作證時，對於那些不人道的行為有明確的道德判斷。根據我的專業理解，人們在面對困境時想法會變得很複雜，所以這兩個因素應該都有影響。

其他五名證人受到驚嚇而退卻了，只有我父親出庭作證。事實上，正因為他在利奇菲爾德當過警衛，所以媒體非常重視他的證詞。軍事雜誌《戰後》有完整報導利奇菲爾德審判，而內容中所引用的三位目擊者證詞，就包含了我父親的證言。記者全面記下了法庭攻防的經過，並附上十幾張肅穆的現場照片。以下段落引起我的注意：

來自麻州匹茲菲的前哈佛大學生、一等兵菲利普．戴蒙提供了更具說服力的證詞。他說：「大多數囚犯都是非常好的男孩，而且在戰鬥中受傷了。他們會違反軍紀，是因為部隊在將他們送回前線前、不讓他們去鎮上走走。」戴蒙坦承，他沒有親眼目睹任何毆打行為，但一些囚犯在做勞務時，有現出自己背上被鞭打的傷痕。

除了《戰後》詳盡的報導，關於這場審判，還有一個可靠的資訊來源。傑克．吉克（Jack Gieck）中尉是當時駐紮在倫敦，並參與了第一次的開庭。四十年後，吉克仍然無法忘卻那段經歷，於是寫下了《利奇菲爾德：審判中的美國軍人》（*Lichfield :The U.S. Army on*

Trial）。這本書中只引用了我父親的一句話，但切中要點：「一等兵菲利普·戴蒙提到，警衛間流傳一句口號：『你們的靈魂也許屬於上帝，但身體是屬於我們的。』」

值得稱讚的是，美軍司令部強調，以非人道的待遇威脅士兵，不是取得服從的適當方式，也不是激發戰力、忠誠和勇敢的有效方法。此話來自最高層。前總統艾森豪當時是歐洲司令部的最高指揮官，以直言不諱、嚴肅認真、體恤士兵而聞名。他堅持，既然有人投訴利奇菲爾德的弊病，那務必要徹底調查。他的做法打破了軍隊的傳統：這是美軍歷史上第一次進行自我調查。

一九四六年八月底，利奇菲爾德審判結束，基利安（James A. Kilian）上校和其他軍官因「允許下屬虐囚」而被定罪。這正是檢方的目的，若把責任都歸咎於低階士兵，那將是對正義的嘲諷，畢竟他們只是聽命行事。這為美軍樹立了令人欽佩的典範，並堅持至今。

該報導的結論是：

利奇菲爾德一案影響深遠，它改變了美國軍法的規章。國會全面調查了軍方司法體系的運作，結論是，它在戰爭期間過於嚴厲和武斷……到了一九五一年，國會徹底修訂了軍事法條。

在杜魯門總統的積極鼓勵下，艾森豪監督並完成了這些改革。不久之後，他也成為備受尊重的總統，在緊張的國際情勢下，領導國家走向和平與繁榮。面對冷戰，領導人一定得有高度的警覺性以及果斷又長遠的對策，並全心信奉美國的自由基本原則。艾森豪以平靜而有力的信心迎向這項挑戰。於是，艾森豪在戰時和戰後做出的道德選擇，決定了我父親的命運。而在千里之外，我的命運也間接而無聲無息地被形塑起來了。

如今，在錯綜複雜的軍事歷史中，利奇菲爾德審判基本上已經被遺忘了。當時的報章雜誌大量報導了這一事件，社論也紛紛譴責下令虐囚的軍官，畢竟那些大兵曾為國家上戰場，也沒有犯什麼大錯。《時代》、《生活》、《星期六晚郵報》等主要媒體都刊登了相關報導。關心非裔美國人的報社也指出，受虐的士兵有年輕的黑人。我父親家鄉的報紙《伯克郡鷹報》在頭版刊登了他的證詞，並附上他穿著軍服的照片。他的面容嚴肅又堅韌，顯見飽受戰爭的摧殘；但在學生時代的照片中，他的臉龐迷人、和藹可親，與前者相比，可說是判若兩人。

《伯克郡鷹報》的報導揭開了這個故事的案外案。事實上，當時父親一直寫信給我的祖父，講述拘留中心的殘酷情況，並希望「家人能為此做點什麼。」然而，這些信件都被軍隊的審查人員攔截下來了。主事的指揮官警告他，這些信件「違反了安全規定，因為內容都在抹黑美國軍隊」。但記者並沒有寫出這些信件的日期，也沒提到指揮官是在哪一天提出警告。此報導的刊登日期是一九四六年一月八日，距離審判開始僅一個月時間。開庭後不久，我父親舉報了審查制度，並引述了指揮官對他說的話：「發生在利奇菲爾德的事，就應該留在這裡。」

該篇報導指出：「戴蒙在一九四四年秋天前往英國。」一九四五年一月，海尼下士與《刀鋒報》將拘留中心的醜聞公之於眾。而我父親在此前已寫信回家，講述利奇菲爾德的情況了。若真是如此，那父親便是在貫徹他的道德感；他主動提醒家人，請他們「採取一些行動」。而面對審查人員的作為和指揮官的命令，他也展現了十足的勇氣和同情心，堅持說出自己所發現的真相。

父親為他說出實話付出了代價。一九四四年，在被派往利奇菲爾德之前，他已從下士晉升為中士，然而在一九四六年退伍時，卻被降為一等兵。雖然沒有相關記錄，但合理推測，這次降職是因為他違反了審查規定。[1]幸運的是，這個懲處並沒有對他的職業生涯造成長遠影響，戰後，他繼續在戰爭部和國務院擔任重要職位。我猜想，政府官員應該也很認同我父親勇敢揭弊的道德行動，而為了獎勵他，便讓他擔任爭取已久的職位。

關於我父親出庭作證一事，《伯克郡鷹報》的報導最後一行如下：「他與前布羅克頓選美小姐海倫．梅爾斯（Helen Meyers）結婚，他們生有一子威廉．戴蒙。」這就對了！無論那時候父親的心思在哪裡，我已來到世上了！

從男孩變成男人

在研究了利奇菲爾德審判以及我父親在其中所扮演的角色後，我對於他性格與特質的看法改變了。出乎意料地，在此緊繃且重大的歷史時刻，父親展現出了道德勇氣。他勇於說真話，有權有勢的上級要他保持沉默，但他仍同情、關心那些受盡煎熬的士兵。他勇於抗命，國家因此更進步、而軍法才更完備了。父親踏入了成年時期後，總算找到了為國家服務的人生目的。

他也養成了堅韌的性格，我們如今稱之為「恆毅力」。[2]從報紙上的照片可以明顯看出，他是個堅毅的軍人。當時他不顧軍隊審查單位的嚴厲規定，寫信告訴家人他所目睹的虐囚情況。從皮斯的描述中，可明顯看出父親在此事件中的態度。他即將出庭作證，卻遭到被指控的軍官威脅，但還是果敢地揭露了這些不人道的行為。與其他幾位同伴不同，他從未放棄自己的立場，也沒有表現出受到恐嚇的跡象。當時人們高度評價的這樣的特質，也就是堅強無畏。

在安多佛和哈佛，堅韌被視為男孩的重要特質，到了我入學的年代，情況仍舊是如此。（在安多佛給哈佛的入學推薦信中，師長指出我「夠堅強」；在我父親的時代，眾人一定很期待學生有這種特質。）父親在學生時期並不堅強，在輔導老師對他性格的評論中，這一點特別明顯。經歷了世界大戰，他才變得堅強，在道德上成為挺身而出的英雄。

父親顯然不是我年輕時以為的那種沒出息的無賴。以往在生命中特別的重要時刻，我根本懶得去想起他。到了我熟年之際，在這些探索中，我很高興得知他有完善的價值觀和性格上的優點。他是我的父親，儘管他在我的人生中長久缺席，但我仍渴望認同他。與此同時，身為專業的發展心理學家，我很高興又看到一個案例：我父親從以自我為中心、任性放縱的青少年，成長為有人生目的、有原則的成年人。既然我的研究領域是目的及道德承諾（moral commitment），所以遇到這樣的案例，總是會很開心而非常感興趣。

然而，就我所知，他拋棄了他的第一任妻子（我的母親）和第一個孩子（我），卻沒有半句安慰、後悔或解釋。他永遠拋下了我。拉萬和蘇瑪莉說，她們曾向他問過我的情況，他卻一點都不想談論。有趣的是，她們告訴我這件事後，我自己添油加醋記錯了內容。父親與三個孩子一起共進晚餐，琵奇特拉問：「維娜姑姑跟我們提過的那個『威廉』呢？」接著我以為的情節是，父親大力拍桌子並且說：「我們在家不談論威廉！」但是，在為這本書進行事實查核時，我再次與拉萬和蘇瑪莉聊到這段往事，她們告訴我，現場沒有人猛烈敲擊。這個落差可歸因於在第二章所討論到的記憶錯誤和偏見。由此可見，這件事對我造成多麼強烈的情緒反應。

我父親在學生時代的無責任感，是他性格上的強烈特徵，也深深影響了我們若有似無的父子關係。我不是唯一受此影響的人；我的母親受到了深切且無可挽回的傷害，她所受到的衝擊最為嚴重。父親於利奇菲爾德審判中的性格特質令我非常讚賞，但思及母親被拋棄的痛苦，那欣喜的感覺又趨向平淡了。

還有我的祖父母，兒子在校放縱的言行，已令他們感到很痛心。戰後他未能回鄉，他們更是難過又憤怒，因此與他斷絕了關係。他們深愛我父親，但對於新英格蘭的北方佬來說，拋妻棄子是不可接受的行為。維娜姑姑說，祖父母有告訴我的父親，他再也不是這個家的一份子了。祖父在五十歲時去世，這道家庭裂痕因而更加令人心碎。當年，父親還會致信告知利奇菲爾德醜聞，可見其父子關係是極為和諧且親密的。顯然，父親也相當依賴祖父的支持和指導。然而，當他決定留在歐洲後，兩人就再也沒有說過話。隨著時間推移，或許會有和解的機會，就像父親最終與我祖母和好了。但祖父去世得太早了，這一切便無法挽回了。決裂後，這兩人在各自的餘生想必都承受著巨大的痛苦！

父親和祖父共同經歷了另一場悲劇。兩人都患有多發性硬化症，並前後死於這種使人癱瘓的疾病。多發性硬化症通常在年輕時突然發病，殘酷的是，患者會因此無法行走、說話，視力也會大減。有些病例較為緩和，在幾十年內尚可正常生活，不受影響。但令人難過的是，我父親和祖父沒這麼幸運。維娜姑姑哽咽地談到他們的命運：「就是一路下滑。」祖父與病魔對抗了十多年，在五十歲時去世了。父親活到了六十九歲，但最後的二十年待在泰國臥床不起，除了聽錄音帶的有聲書，什麼事也做不了。一想到父親和祖

移。[3]

正如我在第二章所指出的，過去二十年來，我的研究領域主要是「目的」的概念。在《邁向目的之路》一書中，我說明了尋找目的的重要性，尤其是從青春期要過渡到成年期。找到人生目的，就能得到能量、動力和韌性，更能超越自我、堅持目標。漫無目的、得過且過的青少年，因此變為專注、有成就的成年人。這正是我從父親性格中觀察到的成長。一九三九年，他還是個百無聊賴的十七歲少年，卻在十年內變成了男人，用光明之道為國家服務。

父親加入了美軍通信部隊後，其正面效應不斷提升，還要在緊張的利奇菲爾德審判中出庭作證。對於這個來自新英格蘭小鎮、受到家人寵愛的二十二歲大學生來說，參加聽證會的壓力一定很大。他指證歷歷：士兵被下令脫光衣服、在寒風中立正站了好幾個小時，還要在樓梯跑上跑下、直到虛脫，甚至被棍棒和水管打到血肉模糊。頓時間，他能為國家有所貢獻了，因為他站在正義的這一邊。

在成長過程中，預料之外的戲劇性事件會驅使我們進行反思和做選擇，並引領我們發現人生目的、轉變身分。正如我將在第六章討論到的，成為外交人員後，我父親得在國際衝突中的大環境中扮演理性的代言人，秉持著道德原則伸張國家意識，並極力爭取公民權利。經歷了二次世界大戰的種種衝突和暴行後，他所養成的性格優勢保留了下來，並在後來的公職生涯中找到新的人生目的。

父親在一九四六年七月十日光榮退伍，但仍為審判出庭作證，同時也受聘為政府部門的文職人員，負責處理德國戰後的各項事務。一九四六年七月二十七日，《加爾維斯頓日報》（*Galveston Daily*）的報導指出，退伍後不到二週，我父親就開始在戰爭部的德國駐地工作，一待就是四年。他沒有返家，而我母親就這麼徒勞地等著他，他的雙親也是。我母親的表哥格里在去世前告訴我，她當時陷入了所謂的「精神崩潰」，但她藏得很好，沒讓我發現她的痛苦。在懵懂的童年歲月裡，我沒有意識到她的行為有什麼異常。

格里表舅是一名律師，在得知我父親再也不會回來後，就為我母親擬好了離婚文件。我找不到這些文件的記錄或提交日期。作為虔誠的天主教徒，母親於一九五三年七月三日在教會的見證下申請廢除婚姻。根據總教區的協議，羅馬方面對此案做出了對我母親有利決定。

在生命回顧的過程中，我發現，每當在思考父親為什麼拒絕返家時，總會令我不禁聯想到：假如父親出於責任感而回到我和母親身邊，並放下往外發展的強烈渴望，我的人生會變成什麼樣子？當時他的心思顯然都在歐洲，撇開道德不談，若他帶著這樣的心情返家，接著會過怎樣的生活呢？我的母親有許多美德，但她很難相處，父親返家後，我們一家人還有辦法一起生活嗎？在不可避免的婚姻衝突中，我的童年又會變得如何？他是哪種類型的父親？會埋怨自己要負擔的義務嗎？若他終日充滿怨恨，待在他身邊，一定會令我寒毛直豎。我知道，這些問題永遠也不會有答案。但根據我找到的資料，我得以反覆思考，這對我的自我感覺是有益的，令我更加認同自己的正面特質和身分，並肯定我所擁有的人生。

第6章

三條不同的人生道路

一九六三年的夏天，我還是個搭便車遊歐洲的學生。一個炎熱而霧濛濛的下午，我置身在慕尼黑。極簡旅行令人感到孤獨和疲憊，我在那個異國城市的街道上徘徊，直到一棟建築物上的某個標誌引起我的注意：「美國之家」（Amerikahaus）。我好奇走了進去，發現這是美國文化中心，有開放的圖書館，並堆滿了最新的期刊。我很喜歡這個舒適、熟悉的場所，於是坐下來閱讀美國雜誌。在這個溫暖的氛圍中度過下午後，我恢復了活力並重新踏上旅途，繼續我的旅行。當時的我沒有意識到，儘管相隔了十多年，這是我與父親人生歷程上的一次交集。事實是，我那完全不相識的父親為這個地方的創建做出了貢獻。

一九四六年八月，利奇菲爾德審判結束，菲利普．戴蒙履行完了證人的職責。在此前一個月，他光榮退伍。除了他自己的個人想望，沒有什麼能阻止他返家。我當時還不到兩歲，並沒有意識到他的缺席。但家鄉的其他人——我的母親、他的父母、他的妹妹維娜——都期待著他回去。但他終究還是選擇留在歐洲，他的人生和我的人生就此分道揚鑣。

在生命回顧中，我思忖著父親不返家的決定，當中有兩個明顯的問題一直困擾著我；它們沒有答案，但又無法迴避。父親留在歐洲的主要動機是什麼？如果他回到我和母親身邊，我的人生會有何不同？

對於這兩個問題，我不可能找出完整的解答，只能用我所掌握的事實來分析。我父親的選擇致使三個人的命運大受影響，也就是他自己、我母親和我。一九四六年八月，父親決定留在歐洲後，我們各自的人生往哪個方向走去？不過，但即使看清這三個方向，我還是無法直接回答那兩個問題，但至少我有可猜測的依據了；心理學家稱此為「知情的推測」(informed speculations)。

我以父親的戰後故事為軸心點，以此來描繪我和母親在同一時期的人生方向。我會這麼寫，是因為他做出了導致我們三人分道揚鑣的選擇，但我也承認，我對父親多采多姿的人生深深著迷，那是很精彩的故事。我不能代表我的母親說話，她已不在我們身邊了，我自己的故事則一般般，但對我來說是有趣的，且帶有些微的戲劇性、挑戰和運氣。但我的人生沒有連上偉大的歷史片刻，不像我父親的那麼重要。因此，他的戰後故事便是本章的核心。

追索我們戰後的人生方向，也令我得出了預料之外的結論，顯見我對此特別感興趣。我們三人分別以自己獨有的方式去追求人生目的，後者成為我們身分認同的核心。我們的人生目的差異極大，很難想像我們來自同一個「家庭」。這反映出人生目的的個體性，而且我們三人還將這種差異發揮到極致。

回顧自己的人生、找尋對我影響最大的人並追索這三條道路，令我增廣見聞。除此之外，它還證實了人類心靈的適應性。每個人都可以找到獨特且屬於自己的方向。在某些情況下，我們會從自己發牌開始；在另一些情況下，我們得打出發到自己手上的牌。但無論如何，我們所做的選擇決定了自己的命運。

父親在戰後找到新的專長

一九四六年底，戰爭部從美軍手中接管了美國佔領區，我父親也轉到該單位工作，不久後轉到國務院。每一次轉調都反映出，戰後各項工作從軍事任務轉為行政事務。戰爭部的最終目標是讓德國的地方領導人負責戰後重建，以取代同盟國（美、法、英和蘇）的軍事治理。此後，同盟國在當地停留了幾年，以監督他們任命的地方領導層。在那段時間，他們先是請軍隊來支援治安、保防工作，接著再將重點轉移到社會、政治和文化領域。

為了實現這些目標，國務院請我父親來推動文化和外交事務。一九四八年，在國務院的外交人員名單中，他被列為「文化專員」，而宿舍在巴特瑙海姆旁的小鎮大蓋勞（Gross Gerau，在利奇菲爾德審判期間，他也被安排住在此地）。之後不久，父親就被列為柏林國務院辦公室的「專案人員」。後來的一份外交人員名單顯示，一九四九年十月六日，他是瓦爾德克—沃爾夫哈根（Waldeck-Wolfhagen）的「文化專員」，年薪為四千三百八十美元。到了下個月，他的薪水增加至五千三百七十美元。

關於父親在美國佔領區的工作，我之所以有充分的了解，主要得感謝伊莎．華納（Iza Warner），他已過世的先生羅伯特是我父親在國務員的同事。九十二歲的伊莎告訴我，我父親在外交工作上面臨了許多挑戰，因此我才明白，在飽受戰爭摧殘的德國，這名年輕的外交官是多麼辛苦。

二戰末期的德國是一片廢墟。城市和工廠被炸毀，食物和暖氣燃料不足；被德國襲擊的鄰國難民皆無家可歸，只好在這片土地上流浪。當時德國正處於「自行車時代」，對於一般大眾來說，汽車非常稀有，擁有一輛自行車就能救命。在低迷的氛圍下，德國人活得小心翼翼，用懷疑的眼光看待同胞，並指責政府所犯下的可怕錯誤。「大眾都很冷漠，」軍事記者朱利安・巴哈（Julian Bach）寫道：「經歷了十二年史上最糟的獨裁統治後，人民的道德素養變差了。再加上史上最具破壞力的六年戰爭，人民的身體狀況也不好。城市遍滿斷垣殘壁，家中櫥櫃半空；民眾失去生氣、疲憊不堪。」[1] 戰後初期，為了求生存、取得足夠的蛋白質跟卡路里，人們會用香菸等物品去交換珍貴的配給食物。軍方認為，一定要遏止這種「以物換物」的行為，以保護德國女性；否則在現金和禮物的誘惑下，她們可能會出賣肉體。「交通中斷、運河與河川受堵，儲存和加工食品的設施被摧毀。四百萬的難民湧入，飢餓的人口大增……從參戰到戰敗，德國的糧食供給就變成永無止盡的難題。」巴哈在佔領初期寫道。[2]

美國佔領區的任務有三部分。首要目標是確保和平狀態，軍方得鎮壓德國所有殘餘的反抗勢力，以防它們再次構成威脅。某位指揮官當時有強調：「一定要確保並維持勝利的戰果。」掃蕩任務很順利，一方面因為美國軍隊有壓倒性的力量，而且被擊敗的德國人民早已陷入消極狀態中。

第二個目標是恢復德國人的自主能力，包括應付食衣住行；讓他們的經濟上軌道，才能產生連帶的正面效應。在馬歇爾計劃的幫助下，這個目標很快就實現了。美國提供慷慨的支援，協助德國重建農場和工廠。德國人民重新站起來後，就有機會恢復繁榮的經濟。

第三個目標就沒那麼簡單了，它牽涉到文化和心理上的轉型，而不是軍事和物質上的改善。正如巴哈所描述的那樣：「其目的是『恢復』德國人的心靈和思想。最終，德國人不再是納粹，而是民主主義者；德國不再是違法亂紀的國家，而是國際大家庭中的守法成員。」[3]也就是說，藉由美國的理念和文化傳播來進行社會、文化和政治改革。這種傳播後來成為我父親的畢生事業，首先是在德國，後來是在亞洲。

要改造戰後德國的社會文化，就要根除在法律、新聞、藝術和教育領域中佔主導地位的納粹思想。在納粹統治下，猶太人、羅姆人和波蘭人要遵守的法律與其他人不同。戰後，數百條法律等著修訂，而數十名不適任的法官被解雇。有關單位得編寫教材，重新培訓律師、法官、法扶人員和警察。學童的教育課程也必須從頭開始修改。在納粹統治時期，教科書都在頌揚以武力征服世界並美化德國士兵，還歧視其他族群，謾罵與自己對立的政治勢力和國家。這些教科書非常有效，美軍接管佔領區時，發現德國年輕人是最忠於納粹思想的族群。「孩子們一頭霧水，」巴哈寫道：「還堅守著大量被灌輸的納粹思想。他們被教導要憎恨外來事物，只崇尚『優等種族』的成就。」[4] 戰爭部決心要完成這項任務，所投入的資源不下於打仗。不到三個月，他們製作了二十本新的教科書，緊急印刷至少五百萬冊。學校重啟，二百萬名德國學童重返校園。這項教科書計劃持續到一九四〇年代，德國學生獲得全新的閱讀材料。同步進行的還有師資培訓，讓老師們學習平等、權利、民主和國際合作等原則。

針對成年人，戰爭部也投入文化事業，包括推廣美國電影、藝術作品和流行音樂。到了一九四七年，他們已在美國佔領區開設了二百多家電影院，並引介五十部美國電影，其中包括卓別林的《淘金記》和史賓塞．屈賽的《少年愛迪生》。這些電影的挑選有政策上的考量，是為了「向德國人展示美國人的生活方式，包括我們的環境背景和習俗，以及非軍事化的社會」。[5] 德國觀眾一定很喜歡這些電影，因為電影院裡擠滿了人。

教育和政治宣傳的差異非常小，我父親兩者都得兼顧。讓德國民眾了解美國的文化和歷史傳統，那是教育。與此同時，戰爭部也得讓他們接受自由民主社會的價值和原則。若相關資訊夾帶了隱晦的教訓以及有立場的主張，那就是宣傳。

父親和同事們一定有成功找出說服大眾的方法和路線，因為西德確實從典型的獨裁國家轉變為繁榮的民主共和國，擁有強大的經濟體和美國式的公民自由。它也成為我們的親密盟友，在冷戰期間的多數議題上保持親美立場。這項成就得以實現，想必父親在戰爭部的工作有發揮其影響力。

隨著時間的推移，父親接連去了許多德國城市，包括慕尼黑和法蘭克福，以及一些小鎮，其中有些居民不到千人。他每年都會改換駐地。一九五一年，他被派往科爾馬（Kollmar）時，與伊沙的丈夫羅伯特·華納共事。此後，這對夫婦成為他在德國和華盛頓特區工作時最親近的朋友。

我父親的文化傳播基地，主要是美國佔領區的各個「資訊中心」。美國在威斯巴登建立了第一處，隨後也在法蘭克福、柏林、海德堡、慕尼黑、科隆成立據點。這些中心的統一名稱是「美國之家」，是在徵求參訪者的提案後獲選而出的。在政府的資助下，它成為二十世紀中葉美國在各地推廣自身文化的重鎮。

我在慕尼黑閒逛時走進的美國之家跟其他分部一樣，圖書館的架上滿是書籍、雜誌、報紙和期刊，以提供有關美國文化和政治的資訊。圖書館的設計很舒適，令人想要好好坐下來閱讀一番，此外，館內還收藏了美國流行音樂、爵士樂和百老匯音樂劇的唱片。參觀者可以聽到爵士樂大師貝西伯爵（Count Basie）、巴迪・瑞奇（Buddy Rich）以及劇作家羅傑斯與漢默斯坦（Rodgers and Hammerstein）的作品。他們還可以留下來討論這些音樂。一九四九年二月，位於吉森（Giessen）的美國之家還舉辦研討會，講題是「爵士樂是真正的藝術音樂嗎」。除此之外，這些中心還會播放跟美國農業和地理有關的短片，聘請旅歐的學者舉辦講座，並提供舒適的空間讓大眾玩桌遊、朗誦詩歌和唱歌。一九五〇年的一份報告統計，每年有超過一百萬德國人參訪各個中心，德國的年輕人更是趨之若鶩。

我父親不過是美國之家的中階官員，所以從未出現在高階幹部的照片中。但根據維娜姑姑和伊莎的說法，他從一開始就參與這項計劃，雖然沒有主導營運的權力，但卻是安排各中心文化活動的關鍵人物。父親沒有念完大學，但興趣、生活態度和形象都跟知識分子沒兩樣。戰爭部和國務院的官員在文化議題上很倚重他，雖然他官階低，但卻能展現權威和影響力，因為在整個職業生涯中，他的特色就在於說服力和執行力很強。

伊莎告訴我，我父親熱愛德國。他說，事實上，大多數的德國人都不是國社黨人，也不喜歡納粹。出於對德國的熱愛，父親順利完成了美國之家計劃，為他剛嶄露頭角的外交生涯奠定了基礎。伊莎笑著說，他對德國人的熱情恰好符合他的性格，因為「他喜歡玩樂，有極佳的幽默感，也確實很喜歡與人相處」。她說，我父親在德國的外交工作非常成功，當他被任命為帕紹市的重建負責人時，當地人都自發性地稱他為榮譽市長。我還沒有機會去找出這方面的相關記錄，但如果有機會到帕紹市，我一定會去它的市政廳，看看這份榮譽的痕跡是否仍然存在。

透過生命回顧，我發現父親在德國的職業生涯一起頭就很成功，也顯然在那裡生活得很快樂。這解開了我最在意的問題：他為什麼再也沒有回來？從職涯意義上來說，他找到了他的使命：他在國務院所擔任的工作符合他的能力、興趣和同理心。他能以有意義的方式來為國效力，也能幫助德國民眾，讓他們重拾受到戰爭摧毀的日常生活。更重要的是，他在那細緻而高雅的舊世界中生活得很快樂；相較之下，他在新英格蘭的年輕歲月，全都受制於封閉保守的文化。他工作表現得很好，日子又過得很開心，這種環境令人難以抗拒。一想到這個二十多歲又愛玩的年輕人碰上如此迷人的生活，我便可以理解，哪怕會失去家人，他還是要留在那裡。生命回顧讓我找到解答，滿足我揮之不去的好奇心，心裡的大石才永遠放下了。

父親愛玩的一面，正起自於他學生時代那些輕浮、不負責任的生活態度，所以他決定留在德國，而不是承擔婚姻和為人父母的責任。伊莎形容他「放蕩又迷人」。和學生時代一樣，他的生活依舊很散漫，常常忘記自己的行程。寄信時，他有時只會在信封上寫下收件人的姓名和城鎮，指望郵局自行找出正確的地址。有一次他寫信給伊莎的阿姨，卻只註明「威斯巴登的瑪麗阿姨」。意外的是，瑪麗還真的收到那封信了。

伊莎回憶道，對我父親的初次印象，是羅伯特邀請他到家裡吃晚餐。伊莎準備了她拿手的精緻菜餚，但父親忘記赴約了。她花了很長一段時間才原諒他：「那天晚上我跟羅伯特說，『再也不要邀請那個男人來家裡吃晚餐；我不會再為他做飯了！』」然而，伊莎還是把我父親重新列入她的晚餐名單中。即便高齡已九十二歲，她仍清晰記得他那些令人又氣又無奈的過失。

伊莎回憶道，我父親「沒有形象的包袱」，做人率性又毫無保留。他隨口講笑話時最迷人了，但也因此經常惹上麻煩。伊莎說，這個年輕人「像個小惡魔」，總是外出狂歡。他的公寓一片混亂（椅子只有三支腳，把橘色的物流籃當桌子用），也很少待在家。他經常出去找人、看風景、到處拈花惹草。幸好羅伯特不時拉住他，雖然不是每次都有效，但仍是必要的。她在說話時，我的思緒中閃現了我父親師長的評語：「友好合群、幽默風趣、生活習慣很隨意、做事有一點魯莽。」他從童年就是這副德性，對家庭責任和社會傳統也是保持隨性的態度。

第一次去找維娜姑姑時，我也感到很驚訝。她與我分享家庭照片，有幾張照片是我父親依偎在祖父的腿上，年輕的臉上洋溢著如夢般的幸福表情。維娜姑姑跟我說，父親年輕時特別受到雙親（特別是母親）的關愛，這一點也反映在他的學校紀錄中。那時，我便意識到父親那堅定而自信的特質，是因為生長於極度有安全感和充滿情感的環境。我從自身的專業領域中了解到，這就是兒童發展的基礎：在生命的早期階段，安全的依附使人們建立自信，勇敢地跨出步伐去冒險、探索世界，並積極尋求新的關係。

然而，當充滿關愛的教養方式超出安全依附、變成過度放縱時，孩子就會出現適應性較差的行為模式。我父親在年輕時懶散、缺乏自律和不負責任的言行，正代表他是被慈愛父母過度溺愛的孩子。而自信所帶來的好處，也被缺乏勤奮和自我克制抵消了。

我心想，這與我自己的成長經驗天差地遠。小時候，我從沒有體驗過父親童年臉上那種如夢般的安全感。在回顧人生之前，我從未意識到自己有多麼渴望它。不過，生命回顧也讓我意識到我所獲得的性格優勢；因為我需要努力爭取，才能得到父親輕易就能享有的好處。我的感激之情減輕了對父親的嫉妒，畢竟他享有溫暖及始終如一的教養環境。這種心情是經由回顧人生而來的，完全符合這套方法的程序，也就是透過感恩等正面情緒肯定人生。

伊莎記得，她、我父親以及她的好友，三人在初相識之際曾共進午餐，對話都是閒聊，沒有任何私密的內容或吸引人的內情。但在他們分開不久，我父親打電話給伊莎，請她問問看，她的朋友是否願意跟他結婚！伊莎嚇到了，說這項要求「太愚蠢了」，她當然不會去轉達。這個唐突的請求，再加上第一次聚餐的爽約，讓伊莎對他的第一印象是「輕率、不成熟、粗魯的蠢蛋」。但隨著時間的推移，她還是釋懷了，並開始欣賞他的魅力與特質。

最終伊莎原諒了我父親，這對他來說是件好事，因為她後來在他的第二段婚姻中扮演了關鍵角色。透過共同的朋友，伊莎認識了吉娜維芙・萊斯帕尼奧（Genevieve Lespagnol）。這位年輕的舞者在尚・考克多（Jean Cocteau）的新芭蕾舞劇《少女與獨角獸》

（*La Dame à la Licorne*）中飾演高貴的少女，而她擁有一隻白色獨角獸，也總是親自餵食。少女與英俊的騎士談戀愛後，獨角獸拒絕進食而死，少女也因此對騎士失去了興趣。最後的帷幕落下時，她獨自站在舞台上，既沒有騎士也沒有獨角獸，指著一塊牌子「我唯一的願望」（Mon seul désir）。考克多在一九五三年寫下這個悲劇，並在慕尼黑首演。

羅伯特、伊莎和我父親當時都住在慕尼黑。吉娜維芙寄給伊莎三張門票，而伊莎將多出來的門票給了我父親。演出結束後，她邀請吉娜維芙與他們三人共進晚餐。

接下來的發展，正如他們所說的，都是歷史了。不到一年，我父親向吉娜維芙求婚，她答應了，成為戴蒙的妻子。父親並沒有向他的新伴侶隱瞞自己放蕩及沒責任感的一面。就在兩人結婚前幾天，他那輛破舊的老爺車被偷了，他告訴他的準新娘：「我唯一的財產就是一輛汽車和一把牙刷。現在我只剩牙刷了。」吉娜維芙顯然不是為了錢才與我父親結婚的。想必是他的善良、聰明和魅力贏得了她的芳心。

維娜姑姑去世後，父親在德國時的最後一件遺物傳給了我。她的兒子克里斯在整理母親的閣樓時，找到了一小盒書，那是父親離開德國、前往泰國執行新任務前送給她的（當時維娜與姑丈也住在歐洲）。其中一本書引起了我的注意：羅賓遜・傑佛斯（Robinson

Jeffers）的詩集《雙斧》（*The Double Axe*），這位加州人以對環境保護的狂熱（和先見之明）而聞名。看過《雙斧》後，我才知道傑佛斯也是個激進的孤立主義者。他在序言中寫道：「事實很清楚，我們錯誤地涉入第二次世界大戰，結果比第一次世界大戰更糟糕。」[6]這本書在一九四七年出版，那時戰爭剛結束，超過四十萬名美軍喪生。出版者蘭燈書屋對傑佛斯在此議題的立場感到非常不安，因此在書本的開頭加註「詩人在本書中所表達的政治觀點不代表本社立場」，這份免責聲明在詩集的出版史上可說是極為罕見的。

我父親怎麼會有這本書？無論是在當時，還是在後來的職業生涯中，他無疑都是都是國際主義者。他在利奇菲爾德審判中作證，反抗軍隊的暴力虐待行為，後來也非常敬佩民運領袖金恩博士。也許，這本書所傳達的和平主義精神，令他十分欣賞。傑佛斯的的反抗立場有對他造成影響嗎？或者他只是從知性和美學的角度去閱讀這些詩呢？

這一切無從得知，但有一點可以確定：這本書不是他的。根據書頁中的印記，它屬於「美軍：紐倫堡駐地」。他一定是從軍隊圖書館借來的，卻從來沒有想過要歸還。好吧，他這一套又來了。

聚焦觀察父親生活在德國的時光，讓我驚訝地意識到，我在童年時期靠著自己找到出路，人生的確會過得比較好。否則我就會在問題家庭中長大，父親每天怨天尤人，老是懷念昔日的迷人生活，認為自己的興趣、專長和個性都被埋沒了。此外，當年他還很年輕，很難盡到模範父親的職責。我不認為他能替我做出什麼最佳選擇，所以他留在德國，對我們倆來說或許是最好的結果。我將會在本書的最後一章中解釋這項見解。現在，我只想指出，我的生命回顧帶來了預期的成效，也就是對自己所擁有的人生充滿感恩；這個認知令我的探索非常有價值。

用高爾夫打進泰國皇室

一九五四年，我父親被調往泰國，當時美國政府認為這個國家「弱、小、不達發」。農村地區大部分是貧困人口，近百分之九十的人口從事農業或採礦業，生產稻米、橡膠、錫和柚木產品。泰國主要的城市中心是曼谷，布滿潮濕的小屋和小巷，並由一座宏偉的皇宮所統治。[7]

到第二次世界大戰前，該國始終保有光榮的獨立地位，卻未能抵禦一九四〇年日本的入侵。日本戰敗後，泰國重新獲得獨立，但共產主義的威脅不斷逼近。一九四九年毛澤東在國共內戰取得勝利，美國也不得不關注這方面的發展。一九五二年，艾森豪政府上台後不久，外交部大幅擴展了在泰國的行動。

美國決心要提供的關鍵協助是「資訊」，包括收集泰國政府可能面臨到的威脅，並向泰國民眾宣揚美式生活的優勢，後面這項任務完全隸屬於我父親的職責範疇。他成為美國新聞署（USIA，在泰國稱為美國新聞處〔USIS〕）的中階員工。他和吉娜維芙橫跨整個地球，來泰國執行他在德國所負責的任務。

他們在季風期間抵達。對吉娜維芙來說，這個國家偏遠、文化貧瘠，與她在藝術圈的生活格格不入。父親向她保證，等到她忍受不了時，就會馬上離開。結果他們都愛上了這個新家園。

安頓下來後，他們接連生下三個女兒：蘇瑪莉、琵奇特拉和拉萬。給琵奇特拉和拉萬取這些傳統泰文名字的不是別人，正是年輕的泰國國王。泰國皇室備受尊崇，因此，這是莫大的榮譽。父親透過他的一位高爾夫球友、王后的叔叔（也是接生琵奇特拉和拉萬的醫生）認識了國王。吉娜維芙則是從特殊的管道認識了王后，即公主本人。

吉娜維芙致力於推廣芭蕾，她下定決心，即使自己遠離了歐洲的舞蹈圈，也要延續舞蹈事業。於是她成立一所芭蕾學校。由於她的才華和嚴謹的教學方式，學校聲名遠播。身為芭蕾舞迷的王后得知後，於是為她的女兒報名上課，很快地，她們就與吉娜維芙和我父親變得熟識。國王授予吉娜維芙泰國「尊貴的」（khunying）的皇室頭銜，這對於一名非外國人來說是極為罕見的。

父親與國王的關係有助於他的外交工作。在泰國，他的工作包括開設圖書館、製作廣播節目、安排攝影和藝術展覽，以及放映帶有親美訊息的電影。父親從未擔任過主管職務，雖然他很聰明也很能幹，但沒有什麼野心。他不會過度賣力，寧願繼續擔任中階職員，只要有時間打高爾夫球就好。

主管對於他在上班時間打高爾夫球很不以為然。就在此時，國王將我父親介紹給包括首相在內的全體政府主管，局勢因而扭轉了。他們都想和這位技術精湛的美國年輕高爾夫球玩家一起打高爾夫球；他揮桿的技巧讓人目不轉睛，眾人因此興奮不已。他還會在現場指導這些高官。拉萬說，這讓我的父親「碰不得」，美方的同仁只能任由他流連在泰國的官場，但也不是沒有回報，泰國官員會特別照顧美國駐泰的外交大使團。美國人因此更常受邀參加當地的文化和官方活動，以便更了解泰國當前的情勢。在高爾夫球場上，我父親成為大使館和皇室之間的非官方聯絡人。

高爾夫球玩家都知道，打一場十八洞的比賽會有大量的空閒時間可以談天。拉萬記得，父親告訴過她，高爾夫球場是「完成許多真正外交」的地方。雖然上司最初對此抱持質疑的態度，但父親證明了他的價值。按照規矩，駐泰國的美國新聞處官員四年任期一到就要被召回華盛頓，而根據拉萬的說法，父親獲得續聘兩次，一次四年、接著又二年，所以他總共任職十年，創下紀錄。

拉萬、蘇瑪莉、吉娜維芙和伊莎都提到，國王喜歡我父親的幽默感。拉瑪九世蒲美蓬在二〇一六年過世，據傳記記載，他是一位德高望重的領導者，表情總是非常嚴肅。因此，這本名著的書名就是《國王從不微笑》（*The King Never Smiles*）。[8]我在網路上搜尋時，同時輸入父親與國王的名字，結果在社群網站Medium上發現到一則珍貴的評論：「菲爾．戴蒙曾在美國新聞處工作，是國王的密友，經常和他下棋，是第一個讓國王微笑的人。也許正因如此，國王才會負責他所有的醫療需求，直到他因多發性硬化症的併發症去世。戴蒙的妻子是王后的密友。」[9]

我不確定這其中有多少是事實，又有多少是誇大或傳說。我不是專業的歷史學家，也用盡所有資源去找尋我們家族的相關紀錄。歷史是建構而成的，哪怕其背後有專業的知識和再多的研究資源。同樣的，個人的記憶與歷史也都有建構的部分。認識我父親的人都對他的風趣和令人叫好的幽默感讚不絕口。如果他真的能讓這位受人敬愛的國王變快樂，那當然是好事。毋庸置疑的是，在我父親和家人最需要照顧的時候，國王和王后伸出了援手。

我父親在泰國的工作生涯於一九六四年結束，最終被調回華盛頓的國務院中央辦公室。他在此短暫任職，因為兩三年後他就罹患多發性硬化症，而在十五年前，我祖父也罹患了同樣的可怕疾病。關於這段日子，有這兩件事使我逐漸認識到，父親是個有道德使命感的人。這個發現是經由生命回顧而來的，對我來說有特別的意義，而接下來我也會探討到，這與我的職涯上的目的有直接的關聯。

首先，拉萬曾聽到父親在抱怨國務院的同事們，並感到很挫折。「他們需要走出去，去看看那些國家，才知道如何處理相關事務。」許多官員長期待在辦公室，很少在外面奔走。他們對外國文化知之甚少，卻得負責幫政府做出聲明或決定。對世界局勢缺乏實際的了解，所以國務院做出的決定常常是錯的。這些口吻確實與我對父親的感覺一致：

叛逆、外向、渴望理解自己接觸到的人和地方。

第二件關鍵的事，便是他在一九六八年四月旅行時路過亞特蘭大。這趟旅程令他的大女兒蘇瑪莉銘記在心，因為吉娜維芙和拉萬也有陪同。更重要的是，當時金恩博士被刺殺，這重大悲劇刻在蘇瑪莉的旅行記憶中。金恩博士去世兩周後，父親專程去向金恩的遺孀科麗塔表達哀悼之意。出發前他有寫信給金恩夫人，請求能登門探望，同時他也安排好要去沃姆斯普林斯（Warm Springs），在那裡接受多發性硬化症的治療。

他從未見過金恩夫人，但她熱情地接待他，並讓孩子們在樓上玩耍。兩人交談了一個多小時。蘇瑪莉對父親與金恩夫人的聊天內容一無所知，只記得「他非常崇拜金恩博士」。對於金恩夫人的喪夫之痛，他獻上深切的悼念。蘇瑪莉對於這場會面的描述令我動容。她說，父親是自發性地要去向金恩夫人展現暖意，這完全符合他的性格，在利奇菲爾德審判期間，他也前去關心受虐的士兵，其中有許多是非裔美人。

到了一九六〇年代，父親的多發性硬化症惡化，已對身體造成損傷。蘇瑪莉說，起初他以為自己得了帶狀皰疹，後來才知道，自己也得了奪走我祖父性命的疾病。於是他變得非常害怕，然後陷入沮喪中。一九七〇年，醫生告知他和吉娜維芙，他的生命只剩下不到兩年了。

這時泰國王后的秘書來電，她透過外交管道得知我父親生病的消息。「現在你必須趕快回家鄉。」秘書轉達王后的指示。這是我父親最後一次的拚搏。他在華盛頓的情況愈來愈糟，在半癱瘓的狀態下，他必須依靠大量的輔具才能四處移動。但他承受不了了。一九七〇年，軍用醫療飛機載著我父親和他的家人回到泰國。當時正值越戰最激烈的時期，這架飛機是用來運送受傷的美國士兵回家。它空機返回東南亞，因此需要前往當地的公務人員可以搭乘。

一家人抵達曼谷時，國王和王后將我父親送進了朱拉隆功王紀念醫院，並安排護理師日夜照護。他又活了二十年，這推翻了美國醫生的預測。原本他希望回到泰國後病情會好轉，但事與願違。美國新聞處的麥考馬克在一九八〇年代於曼谷見到我父親，他描述道：「他臥床不起，我猜想也應該幾近失明了。他生活唯一的樂趣是聆聽從國會圖書館取得的有聲書。」麥考馬克在一九八九年接受採訪，以補足美國新聞署的口述歷史，當時該單位正逐步縮編，並在同年稍晚裁撤。而我父親於一九九一年去世。

母親的補償人生之路

那我母親呢？戰後，她獨自一人，帶著年幼的兒子，並逐漸意識到丈夫無意返家。她的人生走上了什麼樣的道路？

對於被遺棄，我母親在精神上最明顯的回應方式是成為虔誠的天主教徒。我記得很清楚，在五歲的時候，她安排讓我去受洗。信仰是超越性的活動，是去敬奉某種更高的力量。這超出了我的心理分析能力。我不會在此推測她皈依的原因，也不會推斷這個信仰對她或對我所產生的後續影響。毋庸置疑的是，父親拒絕返家，導致我母親在情感上受到衝擊，因此踏上靈性追求的道路。

天主教會為我母親的餘生帶來歡樂、慰藉和社群交流。身為被遺棄的妻子和母親，她所承受之痛苦，都在信仰中得到救贖和補償。由此可見，人是可以主動找出正向的方法來轉化不幸、並從挫折中生出力量。

不過，無論靈性上的成長多麼令人感到滿足，都無法應付實質上的開銷。母親需要找到謀生的方法。一九五〇年代的社會並不歡迎女性進入職場。然而，就像今日的女性一樣，我母親決心要找到工作，讓她有足夠的經濟能力養活母子兩人，並有餘裕找到自己的才能和興趣。

她在學校教育或家庭人脈上沒有什麼背景和優勢，但她聰明、果斷，並且真心熱愛藝術和時尚。這些特質引領她進入了廣告業，這個產業炙手可熱，因為當年電視和大眾媒體正蓬勃發展。她曾在當地天主教醫院的公關部門做志工，因此學到一些廣告的基礎知識。不久之後，她的技能和信心提升了，便前往「馬文與雷納」（Marvin and Leonard）應徵正職工作，那是波士頓首屈一指的廣告公司。

那是「廣告狂人」的時代。廣告業是一個由男性主導的行業，充斥著傲慢、酗酒的男人，他們沒有意識到女性應該受到公平的對待。我母親付出了努力卻只得到微薄的報酬。我們只能卑微地住在喧鬧街道旁的破舊公寓裡。一想到母親那些年的經濟情況，我就感到心痛。我永遠不會忘記那一天，某人告訴她附近的低收入社區有一棟小房子要出售，她懷著希望、踏著輕快的步伐，帶著我一起去看房子。然後，當她發現這棟房子超出她所能負擔的能力範圍時，便眼眶含著淚水離開了。當時的我只有十歲，但仍然記得那個遙不可及的價格標牌：四千美元。我確信，對我母親來說，只要想到她自己那份不合理的薪水，那一刻的痛苦就更加複雜。她心知肚明，自己有才華、也很努力，不輸給薪水高他好幾倍的男人。

撇開薪資不公的問題，母親的廣告生涯還是很成功的。她贏得男性同事的尊重，並被讚許為富有創意的製作人和重要的團隊成員。她很強勢，也不害羞，最終也融入了高度強調自信的廣告業文化。她在第一份工作中所獲的聲譽，令她很快就有機會在時尚圈拓展自己的職業生涯。

到了一九六〇年代，我母親已經厭倦了廣告圈，她把心力和創意改用在更具體的產業：設計鞋子。她出身於「鞋城」布羅克頓，因此結合了這項傳承以及對時裝設計的興趣。[10]她初試啼聲的成果不錯，包括改良了皮鞋和樂福鞋的款式。一九六〇年代，摩德潮流（Mod Fashion）興起，她開始展現個人風格，用金蔥、蕾絲和彩色塑膠珠來裝飾年輕女鞋。很多地方（包括我念書的劍橋市）的精品小店都在賣她的鞋子，有一次，我很驚喜地看到和我約會的女孩腳上就穿著一雙。母親在這門生意上很成功，經濟上也變得寬裕（至少也算得上小康了）。我念完大學後，她不再需要養活任何人，只需照顧好自己，全然按照自己極其獨立的性格去生活。

一九七〇年代，我母親做出了一個左右她餘生的決定。她拔起自己深植於麻州的根，向北遷移至緬因州。撇開她高中畢業時去紐約短暫逗留，這是她第一次離家，而且離她出生地超過五十公里。她依自己的想法，獨自一人離開，但她不是隨意選中緬因州的，而是因為她非常欣賞某位素昧平生的作家，此人就是《緬因時報》的創辦人及編輯約翰·柯爾（John Cole）。這份週報非常受歡迎，風格類似於一九六〇年代崛起的地下報紙。柯爾是布倫瑞克（Brunswick）大學城的環保主義者和社團領袖。我母親去那裡旅行時遇見了柯爾，並決定在那裡度過餘生。但她收拾好行李準備出發時才告訴我。

她在出海口附近買了一間不太大但很可愛的房子，並創辦了一家小公司，業務範圍從設計鞋子擴展到製作襪子、帽子和圍巾。她與當地的女性編織團體簽訂合約，好將她的作品轉化為精緻的羊毛製品。她將公司取名為「合作」（Collab），以感謝這些來自加拿大法語區的女工藝家。

她的產品在「里昂比恩」（L.L. Bean）等著名專賣店銷售。她所設計的羊毛衣含大量的天然羊毛，有獨特的外觀、觸感和氣味。我還留著一件她送給我的毛衣，它十分保暖，又寬、又重、又挺。足以抵擋新英格蘭一月時的凜冽寒風。後來我到加州就沒有機會穿上它了，但我時不時會拿出來，當作精美的紀念品欣賞一番。

母親在緬因州的那幾年活出了真正的自己。她設計的服裝完全符合她的美學和生活願景。她與柯爾等志同道合的同輩成為朋友，也加入了天主教社團，在那裡不但可以跟年輕的神父討論教理，還可以向他們學習。我和我的三個孩子常在夏天去找她，而她總是熱情地招待我們，並帶我們去參觀熱門景點，如知名畫家霍默（Winslow Homer）的海邊小屋。她在緬因州找到適合的生活方式，也找到了自己。用艾瑞克森的話來說，她成為「自我整合」的典範。她向我和孩子們樹立了積極進取和肯定自我的榜樣。我們喜歡回憶起，每當她為我們的到訪安排行程時，總會活力充沛地說：「這次的活動會更好玩！」

然然，如果母親與父親的婚姻沒有中斷，這一切就不會發生了。可想而知，在一九五〇年代當個外交官的妻子，是不可能出門工作的，更不要說在廣告圈和時尚產業找到有趣的工作、發揮創意和取得成就。當然，全職的家庭主婦也有其體驗與快樂，但那些與她在工作中找到的人生目的相去甚遠。更重要的是，在那個婚姻穩定的可能世界裡，她應該一點都不快樂。依我對她以及現在對父親的了解，我猜想他們的婚姻很快就會破裂，並留下許多遺憾，包括對我的傷害。

我母親實現了自己的人生目的，這是一段補償的故事。失去婚姻她才會去創業，並為自己帶來餘生的滿足感。朝向自己的價值觀和願景前進，令她感覺更加圓滿。在朋友、家人（我和我的孩子）以及信仰環繞下，她找到了永久的滿足感。遺憾的是，我無法肯定這是她的想法，因為她還在世的時候，我未能把握機會和她好好聊聊。但現在，作為她生命回顧的代理人，我推測，她在離婚後找到了有意義的補償方法，除了內心更加踏實，也有了完整的身分認同和充實的人生。我相信，如果母親自己做一次生命回顧，結論一定也是這樣的。

我的學術發展之路：家庭影響

我父母在這世上分道揚鑣，那麼我走到哪條路呢？他們實現人生目的的道路如何交錯並影響我自己的發展呢？

在我出生後，父親的人生對我並沒有直接的影響，因為他堅決拒絕與我有任何交集。在生命回顧的過程中，我確認這是他有意識的決定：泰國妹妹清楚指出，即使他到了人生晚期，也不想討論我的存在。因此，父親在戰後對我的唯一影響就是缺席。世上有眾多孩子失去父親，我便是其中一員。

在發展心理學的領域中，有許多專家在研究父親缺席的影響性。[11]有些研究指出，這的確會帶來不良後果，例如，失去父親的男孩比較不受歡迎，人際關係較不理想。[12]其他研究則表明，這些孩子在某些發展領域上並沒有差異，也沒有認知遲緩方面的問題。[13]另一方面，這些孩子也有其優勢，例如具有創造力和多產。[14]當然，也許是我記錯了，或是我個人的主觀看法，但除了青春期常有的尷尬心情，我不記得自己不受歡迎或人際關係出了問題。確實，我從未有認知遲緩的狀況，而且我的學術生涯可以說是富有創造力又多產。總之，對我來說，這些研究所得出的見解都沒有說服力。

在生命回顧的過程中，我仔細參考了這些研究的結論。我認為，它們呈現出普遍人口的發展趨勢，當中有些描述應該符合我的狀況。意識到這種可能性後，我便能得到有益的資訊。但各個人口研究間總是存在著差異，所以無法用來定義單一個體。就像世上其他人一樣，我是複雜的個體，除了與父親若有似無的關係外，我的人生中還發生了許多事情。因此，我不見得會受到特定族群的發展趨勢所影響。

正如我在第一章中所指出的，生命回顧是個人的功課，可用以審視你的生活模式，進而解釋人生的發展過程。這些模式也許不會非常符合大眾的成長趨勢。因此，我才強調通則性（nomothetic）和個別性（idiographic）研究之間的差異。前者是為了尋找一般性的結論，以消除人與人之間的差異；後者是為了尋找獨特狀況以闡明特定案例。這兩種類型的研究相互影響，但目的不同。生命回顧屬於個別研究領域，是為了理解單一個體的人生。

在與失去父親有關的普遍研究中，有些觀察的確符合我的成長軌跡。不過我在生命回顧中注意到一些更確切的具體影響。父親不在身邊，我才可以自由地探索興趣，不用受限於約束、告誡、監督、敦促和指導。我無需向任何人解釋我所選擇的興趣、朋友、生活方式或職業。當然，這些方面我也得不到父執輩的協助，有時我也會犯錯而需要改進。但是靠自己完成這些事，為我帶來了一些有益的效果。在沒有父親的指導下，我自力更生、獨立感更強，也更有機會去發展一般孩子無需取得的技能。（對比我父親在學生時代漫不經心的言行，我更體認到自己的優勢。）此外，我的企圖心強，這是健康的心態（只要控制得當）。我家的經濟狀況並不穩定，卻也助長了這份企圖心。這些都是父親缺席所造成的間接影響。以前我沒有注意到，直到在進行生命回顧時，才漸漸意識到這一點。覺察到這些影響後，更加強化了我與父親的連結。我在第四章也提到，我驚訝地發現，相隔了二十二年，母親把送我去父親就讀的那所學校；這個決定改變了我的人生。

相較於我父親的戰後人生，我母親在各個方面皆直接影響了我。在生命回顧中，我發現一些看來特別重要的事情，而我以前並沒有意識到它們的重要性。深入了解母親的工作軌跡後，我才突然意識到，她的創造模式帶有人生目的，而她的才能和遠見也隨著時間愈來愈來發光。她需要謀生，也總是設法在體制內找到工作，但多年下來，她也開始根據自己的創作本能來調整工作。我可能沒有意識到，自己有受到這些創造模式的影響，但回想起來，我應該可以放心地做出這個推斷。此外，當時的廣告業以男性為主，女性工作者不常見也未被廣泛接受，但她卻能在那個工作領域穩定發展。她的典範不僅讓我理解到性別平等的重要性，還讓我看到，只要有決心和勇氣，就能在令人望而生畏的困境中創造出公平的競爭環境。

從生命回顧中，我發現母親對我的另一個重要影響，就是她的天主教信仰。除了我自己，任何人對我的靈性探索都應該不會感興趣，而我也沒有能力去撰文討論教義。但我可以說，信仰一直是我人生中很重要的一部分，而我的工作目標和道德使命，也反映出我早年所受的神學教育以及持續迄今的興趣。我不會在研究和著作中討論過教義，但我寫過關於宗教概念的文章，像是「黃金法則」（每個宗教中都有類似的教義）[15]，也討論過信仰對青少年發展的價值（同樣是從非宗教的角度出發的）。[16]這些議題與我的專業領域背道而馳，在當代的社會科學研究中，很少有專家對宗教信仰感興趣，甚至有人會加以排斥。一九九〇年代末期，我獲邀成為《兒童發展手冊》的編輯，並負責撰寫關於信仰的章節，而此書這是該領域的主要參考資源。前所未有地，我被其他同儕抵制，他們懷疑這個主題是否重要，值得在如此權威的刊物上寫一章。然而，我個人和研究上對信仰的興趣，可歸因於我母親在她信仰之路上對我的培育。而我勇於違背其他專業人員的意見，也可歸因於母親所立下的獨立典範。

在進行生命回顧時，我發現回溯我的智性發展是很有幫助的，因為它推進了我的人生目的。我在高中時愛上寫作，探索與整理新發現成了我終生的職業。透過教學、研究人類發展、為學界及大眾寫作、錄製YouTube、播客節目等交流方式，我得以實現這個人生目的。這份工作是為了追求知識和理解人類，因此符合我的智性發展方向。

從大學到研究所：開啟跨領域的興趣

我的父親和母親在我們學者口中所謂的「現實世界」闖出一片天。現在換我來說說我的思想史吧！我很清楚，我的故事不像父親的經歷那般戲劇化、多采多姿和浪漫，也沒有像我母親那樣，她在一九五〇年代作為職業婦女，得克服種種障礙。即便如此，我的職業歷程依然非常有趣，至少對我來說是如此。許多人跟我一樣，對發展心理學的思想史很有興趣。我全心投入在這個領域，因此想談談我與這段歷史的相互影響。

我會選擇心理學為主要的研究領域，要回溯到上高中後的某個夏天。某人給了我一本艾德溫．波林（Edwin Boring）的論文集，書名為《歷史、科學與心理學》（*History, Psychology, and Science*）。我忘記書中的具體內容了，只記得光書名就結合了各個領域，非常有趣和吸引人。我喜歡波林的治學方法，他能用嚴謹的結構說明廣泛的概念。那時我就下定決心要成為同類型的心理學家。

我念大學的時間點很幸運，那時哈佛還有社會關係系（但不久後就消失了），那個系所的成立宗旨是要促進社會科學的跨領域交流。學生們可以接觸到來自各個學科的傑出學者，特別是人類學、社會學和心理學。我的大二指導老師是受人尊敬的社會學者托卡．

帕森斯（Talcott Parsons），我大四的論文指導教授是偉大的社會心理學家羅傑・布朗。除此之外，我參與了高爾頓・奧爾波特（Gordon Allport）、亨利・莫瑞（Henry Murray）、艾瑞克・艾瑞克森、史丹利・米爾格蘭（Stanley Milgram）和大衛・黎士曼（David Riesman）等有名學者的課程及講座。我對兒童發展的興趣，則來自傑羅姆・凱根（Jerome Kagan）一門引人入勝的課程。我在認知科學方面的啟蒙，則是傑羅姆・布魯納（Jerome Bruner）的感知與認知課程。就廣泛的社會科學來說，這是個無與倫比的學習環境。畢業時，我已能欣賞不同的概念架構和多元化的探索方式。

我在生命回顧中發現個人特質，正與我的求學態度相符。雖然接受了傑出學者的指導，但我沒有言聽計從。我的畢業論文要討論孩子能否從《伊里亞德》的英雄故事中產生相應的情感。這是質性研究的濫觴（當時沒有太多人重視這一塊）。我要描述某種思維模式，它讓孩子能正確理解英勇行為和情感的連結。

我把論文交給評審委員後，凱根對我說，當我在分析那些思維模式時，不要讓孩子們在回答時用太多種單字。我沒有採納這位著名兒童心理學家的觀點，反倒是忿忿不平，並拒絕採用他所建議的統計控制。我的想法是，單字的種類當然會隨著思維的變化而增加；複雜的想法則需要更多的字彙來解釋，但這並不能說明，究竟是思維的改變驅使孩子使用更多單字，或剛好相反。我相信我是對的，但對於一個年輕學生來說，其實應該接受專業指導者的建議。所以我當時的行為是非常不恰當的。

後來我讀到安多佛舍監對我的評語時，我才明白，我年輕時的確有點頑固：「他對自己的心胸寬闊和開明非常自豪，但他太過固執，除了自己的觀點之外，無法接受其他意見。」因此我下定決心，從現在開始，要時時提防這種不自覺的執拗。

除了著名的資深教授外，我還認識了兩名研究生，他們間接地提升了我的學習成效。其中一位是卡邁克爾（Douglas Carmichael），他推薦我讀皮亞傑的文章，也建議我去他的母校加州大學柏克萊分校攻讀博士學位。另一名研究生是是霍華德．加德納（Howard Gardner），從那時起，他就成了我終生的朋友和重要的合作對象。

在大四期末，羅傑．布朗叫我到他的辦公室會談。羅傑是我的論文指導教授，也是學者的典範。在他的指導下，我們從深刻的人性視野來做研究。雖然他是傑出的學術大師，但對學生也非常友善並有禮。但這一次，他沒有那麼仁慈溫和了，語氣裡帶有一絲惱怒，我和他相處這麼久，這是非常罕見的。他告訴我，哈佛心理系的招生委員會拒絕了我的入學申請。他一反常態、生氣地問我，為什麼我把這件事「搞得一塌糊塗」。

我知道他指的是什麼。在論述我的學術目標時，我制定了一項「發展社會學」研究計劃（但我並不知道這個名詞的真正涵義）。我打算利用當時讀到的資料，如皮亞傑、艾瑞克森、厄文・高夫曼（Erving Goffman）及帕森斯的見解來描述人類如何朝著社會和諧和個人成就前進。我空想的論述架構根本行不通，而且我太固執了（根深柢固的特質），不願接受羅傑的慷慨提議。最後，他請我修改資料，再去申請一次哈佛。約談結束後，我對於哈佛心理系的狹隘視野感到憤怒，我告訴自己，是時候轉向更好的新地方了。幸運的是，柏克萊的心理系忽略了我在申請表上寫的廢話，總之就是接受了我，但我想是因為布朗教授為我寫了一份很不錯的推薦函。

進入柏克萊後，我確實研究了這個主題，也就是在個人的發展過程中，其生活經驗的社會和個人面向如何互相結合，以專業術語來說，這叫「動態互動」。我之所以能進行這項複雜的研究，要歸功於我的教授喬納斯・蘭格（Jonas Langer）和保羅・穆森（Paul Mussen）；他們在自己的專業領域中知識淵博，而且還能容忍學生天馬行空的想法，包括整合和擴展各個領域。今日，人們對身心發展的動態互動了解甚多，以至於很難體會到，在一九七〇年代初期，這個研究領域有多麼獨闢蹊徑。我清楚地記得，為了「社會認知」這個主題，我在尋找論文審查委員時遇到了許多困難。對於指導教授來說，這個主題不僅聽起來陌生，而且又不切實際。沒想到世事多變，社會認知很快就成為這個領域的關鍵議題，直到今天。身為年輕的學者，當年我還得設法寫論文證明，這是合理的研究領域，但這在今日已是微不足道的常識了。[17]

我在柏克萊念研究所時開始進行這項研究，以呈現年輕人在日常生活中運用社會認知的深度。大學期間，我在麻州多徹斯特擔任「貧寒青少年日間夏令營」的輔導員。大學畢業後不久，我也在紐約布朗克斯做過社服工作，因此，我大概能了解，即使沒受過多少年的教育，那些青少年的社交能力也很強。當時我被分派到一個睦鄰之家，負責號召附近的青少年來這裡玩耍，免得他們惹是生非。在一次活動中，我要求他們編寫並表演短劇，題材則取自於社區中認識的人或新聞報導。觀賞表演時我非常驚訝，他們對周遭環境與現實世界的理解非常深。他們知道許多人和事，其見解也反映出他們聰慧和靈敏的一面。在多徹斯特和布朗克斯服務的那段日子，我發現，即使是貧困的年輕人也很了解社會和世界，而過去的心理學研究都沒發現。

當時的發展心理學家認為，兒童期和青春期的社會認知有兩個主要特徵。第一是眾所周知的「人際知覺」（當時用這個術語來指稱社會認知），與此相關的重大發現是，隨著成長，孩子對人的理解會從「顯性」轉向「隱性」：早期，孩子是根據外表特徵來辨識他人，但隨著年齡增長，他們會感知到「內在」特徵，例如意圖和品德。[18] 第二個特徵是柯爾伯格（Lawrence Kohlberg）所謂的道德發展系統。他認為，道德認知源自於我們在人生第一階段所體認到的權力與權威。孩子會認為社會的主幹是父母和上帝等權威人物所發布的命令，而那就是判斷是非對錯的依據。[19]

我尊重這兩種觀點，也從中學習到很多研究方法，但在我看來它們都還有些不足。人際知覺研究有兩種限制：首先，社會認知涉及到人際關係和溝通，這是我們的直觀經驗，特別是在年少時。若只著墨於青少年對外貌的反應，就會忽略更深入的層面。其次，我猜想孩子對「內在」的了解比他們所以為的還要多，反而是成年人更關注於「外在」（但現有的研究不這麼認為）。至於柯爾伯格的道德發展系統，他忽略了一個明顯的事實：孩子們在學前遊戲中，就會展現出分享、關懷和公平等道德行為。兒童的道德不光是從服從權威的「第一階段」開始，即使是學齡前兒童，也擁有非常清楚的道德意識。

在探索兒童的社會認知時，我展開一項研究，並促成了我的第一本著作《兒童的社會世界》（*The Social World of The Child*）。[20]這本書出版時，《當代心理學》（*Contemporary Psychology*，當時唯一有相關書評的期刊）刊登了重要評論，使我在學界獲得了意想不到的聲望。那段經歷接上了我的寫作人生，從加入校刊社報導青少年體育活動，到做研究、寫論文。在接下來的十五年裡，我不斷做研究，描繪了從童年到青春期後期的社會概念發展過程，包括權威、公平、社會規範和自我理解。我於麻州的克拉克大學（Clark University）任教時做了這項研究，而該校是發展理論的重鎮。我在那裡待了十五年，從擔任助理教授開始，那是我學術生涯中最具啟發性的時期。當時建構的概念與理論，我至今仍在運用。

研究工作的里程碑：道德天賦

在一九八〇年代末期，出於種種原因，我結束了研究工作的第一階段。但我未能解釋清楚，理解狀況和實際行為之間的連結和本質。我的社會認知發展論因此留下了很大的空缺。不過，我在相關的延伸議題取得了一些進展。我發現，兒童的公平觀念與其分享行為有微弱的關聯，而同儕的社交互動有助於培養更全面的正義觀。[21]但撇開這些小小的努力不談，我的研究基本上沒有破解現實生活中的社會行為。

我決定更直接地解開這些謎團，於是將注意力轉向現實生活中的人生目的和使命，而不再侷限於理解和思考過程。好巧不巧，我的職業生涯也在一九八九年有重大轉變：我離開克拉克大學，成為布朗大學的教育學系主任，最終成為人類發展研究中心主任。在校長葛里戈瑞（Vartan Gregorian）的傑出帶領下，布朗大學的師生充滿活力，學者們也都努力在拓展視野。

大約在這個時期，我和安妮．柯比（Anne Colby）收到美國社會科學研究委員會（SSRC）的邀請，前去商討「天賦」（giftedness）這個主題。委員會想與我們討論，「道德天賦」是否真的存在，若存在，又該如何定義及研究它。安妮是我在道德心理學領域裡多年來的同儕，不意外地，我們也結婚了。然而，我們從未一起做過任何研究，也沒有深入研究道德天賦的問題。當時，唯一可以用來處理這個問題的工具是柯爾伯格的道德發展階段論。根據他的定義，道德天賦只會出現在道德推理的最高階段（第六階段），但極為罕見，所以在柯爾伯格的官方評量手冊中就被省略了。儘管這階段的推理已超出常人的品德，但我和安妮一致認為，它本質上還是認知性的，無法成為仁慈、慷慨等道德天賦的基礎準則。為了探討這個問題，我們還得需要訴諸勇氣、毅力、同理和誠實等特質，但在柯爾伯格的理論中，這些能力被刻意忽略而放入無法分析的「美德袋」中，被視為偶然的成分。

與委員們（成員包括大衛・費爾德曼〔David Feldman〕和加德納）反覆討論後，我和安妮獲得了六千美元的經費，並得以挑選幾位「道德模範」來做研究。（雖然我們擔心，「天賦」這個術語會讓人誤解，以為我們是從生物遺傳的角度來解釋道德。）我們利用這筆經費聘請了二十名來自不同學科和信仰體系的傑出學者，請他們進行為期兩年的提名前置作業。他們設定了標準，並提出了合格的模範人選。在這個漫長的挑選過程中，我們聯繫了許多潛在的研究對象，最終有二十三位模範同意參加。

在費爾德曼的建議下，我們去拜訪加州的一個小型基金會「思維科學研究所」（Institute for Noetic Science）。他們同意提供經費，金額也一樣是六千美元，以協助我們研究「利他精神」。有了這筆總計一萬二千美元的補助款後，我們著手進行研究，這是我們倆職業生涯中最富成效和最有意義的任務。首先我們產出的成果是《真心關懷》（*Some*

Do Care）這本書，但這個計劃所產生的效應遠不只於此。我後來接著研究「良工」(Good Work），又於晚近出版了《理念的力量》（*The Power of Ideals*）以探討二十世紀傑出領袖的道德養成。我們也發現，人們更樂於看到用模範來作為正向心理學的重要研究工具。[22]

在《真心關懷》一書中，我們所做的研究帶來許多驚喜的成果。[23]人們都想認識這些非凡的人物，他們克服恐懼、保持勇氣，甚至為了公民權利、正義、世界和平等其他道德目標而犧牲生命。但他們都說，自己做這些事不需要什麼勇氣，甚至也很少感受到害怕，因為他們自覺別無選擇，只能做自己認為正確的事情。即使在平凡人的案例中，也有一樣心態和反應。所以那些大人物的特質並非個案，只要有確定的道德判斷，每個人都會放下對人身安全和自我保護的擔憂。

這個意料之外的發現，促使我們仔細研究了樣本身上的基本性格。再次令我們驚訝的是，有很高比例的受訪樣本（超過百分之九十）表示，他們若願意置身死於度外，是因為相信世上有更高的力量。對於一神教的信徒而言，這是對於上帝的信仰（「主必賜予」，一位受訪者如是說）；其他人則有各自信奉的超自然靈性力量。

《真心關懷》出版後，因其理念和「道德模範」的研究法而被評為是一部開創性的著作；它取代了古老但過時的案例研究法，為心理學帶來新生命。這本書至今仍具有影響力，我此成就感到很高興，而展開對道德模範的研究，也在我的生命中留下了深刻的印記。每次訪談都非常激勵人心，令我得到許多啟發。這些感動還有那些受訪者所傳達的生命經歷，至今仍縈繞在我的腦海中。此外，這項調查的重點是道德勇氣，這讓我想起父親在利奇菲爾德審判中的證詞。我仔細研究了他作為證人的相關紀錄，意外發現，他的行為模式正符合我在《真心關懷》中所寫的狀況。我父親在那段時間的言行，是真的出於道德使命感。

《真心關懷》出版兩年後，我在史丹佛大學的行為科學高等研究中心度過一年的學術休假。那一年，我和加德納及契克森米哈伊（Mihaly Csikszentmihalyi）展開了一系列良工研究計劃。我們想要了解，敬業的專業人士如何在壓力和負面刺激下，設法完成既出色又符合道德的工作。的確，有些人就是能成功忽視或抵抗壓力。我們一同考察了教育、新聞、生物科學和商業等多個專業領域，並產出嶄新的著作和論文。這些資料了充滿教育意義，能幫助處於職涯中期的專業人員以及在學的年輕人達到良工的標準。

在加德納的帶領下，這個計劃已經成功擴展到各個領域，讓各行各業的人都致力於

「在工作上符合道德、追求卓越和保持專注」。這項計劃後來更名為「完善計劃」（Good Project），總部設在哈佛大學教育研究學院，今日依然運行良好。[24]

在這些研究中，我們明顯發現，各個領域的敬業工作者都有明確的公共精神和投入感。我因此直接進入我研究生涯的第三階段：目的的形成；這主題不僅是我的專業工作，也是我個人的探索。

邁向目的之路

幾個世紀以來，不論是俗世的學者、作家或宗教人士，都認知到目的對實現人生的重要性。我花了一些時間在這個主題上尋找生命的智慧。我發現，這方面的哲學和靈性著作都很精彩且內容豐富。在找出我自己的方法之前，我消化了所有讀到的重點，並將這些金句名言編成一本書，當中穿插著我的論點，並探討人生目的如何發揮作用，以及如何在人生中善用知識。我很榮幸請到傑出的心理學家大衛·麥爾斯（David Meyers）為這本小書《崇高的目的》（*Noble Purpose*）撰寫序言。緊接著，我啟動了我的計劃，開始研究各年齡層的人如何尋找和追求目的；從青春期開始，貫穿整個生命週期，一直到「安可」和老年期。[25]

我決定以實證的方式檢視這些哲學和靈性小語。儘管人們早就認知到目的在生活引導中具有核心作用，但令人驚訝的是，學術圈卻很少有人注意。人們都對「意義」很感興趣，雖然它很重要，也與目的有所關聯，卻不能等同視之。意義是廣泛的概念，包括對個人具有重要意義的任何事物。目的多少得依賴於意義（對你來說沒有意義的事，就不會觸發目的感），也意謂著去完成超越自我的事情，而這對韌性也有許多作用。[26]韌性確實是目的所帶來的心理效益，但它並不是唯一的成效。

關於這個領域，我所參與的兩項學術發展令我獲益良多，而且它們在近年來也啟發了許多心理學家的創造力。首先是馬汀．塞利格曼（Martin Seligman）和契克森米哈伊提倡的正向心理學；其次是彼得．班森、理察．勒納（Richard Lerner）和我早年所投入的正向青少年發展。這兩個學派都呼籲大眾要更加關注人的能力和「內在資產」。我們都有同樣的感慨，以往研究者過度著重於成長問題、精神疾病、人我衝突和其他「缺損」，所以行為科學才遭到曲解。

舉例來說，我第一天踏進史丹佛青少年中心的大樓時，看到走廊牆上貼滿了海報，內容都在呈現跟青少年有關的驚人統計數據，他殺、自殺、暴力、吸毒等不良行為的比例不斷攀升。走過這道長廊，令人不禁感嘆：年輕人是需要處理的問題，他們只會令人憂心，既無法對社會有所貢獻、更不能帶來希望。我在一九九七年秋季擔任中心主任時，第一件事就是移除這些海報。

透過生命回顧我才發現，為了確定研究方向，我做了許多選擇，包括把焦點從社會認知轉向生活中的道德使命和目的。這是我人生故事的關鍵，不光如此，我在學術生涯早期，是選擇從問題為導向來做研究，而不是嘗試理論建構。當時，對於充滿抱負的學者來說，這不是常見的選擇。我在念研究所時，老師們常常告訴我，社會科學圈的最高成就是創造一個劃時代的理論或模型。大理論（Grand theory）已成為當今主流，受到重視並得到熱烈討論。在心理學領域中，人們的注意力集中在佛洛伊德、史金納、皮亞傑、維高斯基（Lev Vygotsky）、西蒙（Théodore Simon）及眾多緊隨其後的理論建構者。為了創造、改進甚至推翻某個大理論，學者無不著力於相關的基礎研究，並視之為最高的學術志業。

當時學者們相互競爭，還不斷加碼，嘗試解讀大理論中隱含的意識形態。學術討論於是演變成激烈的意識形態之爭。他們把理論就視為決定一切的世界觀，會影響人們做出的判斷以及遵循的價值觀。辯論不斷升溫，甚至已達白熱化的程度。舉例來說，在越戰及巴黎學運期間，加德納對結構主義的轉變做出了以下觀察：

> 一九六八年的抗爭象徵學生和知識分子投向了新陣營。「結構主義已死」學生們大喊。
>
> 無論他們是否讀過皮亞傑或李維史陀，他們都感覺到，這些人的哲學與他們所鄙視的體制有關。[27]

即使在學術期刊中，學者們也在激烈爭論各種假設，以抽象的學術修辭傳達世界末日的氛圍。當我念完研究所時，看到有人在批評柯爾伯格道德發展理論。我感到非常驚訝。這篇早年對於文化觀點的論述，發表在《人類發展》（*Human Development*）期刊上，其結論如下：

今日西方世界積極推廣的道德推理與高深的專業哲學完全不同，而前者有毀滅人類的可能。我們應該要探索和分析各種差異，借鑒他人的智慧和適應環境，在文化改變時培養新發明和創新，而不是讓毀滅世界的意識形態永久化。那些不適合的理論框架無法容納和區分人類的多樣性，還會排除差異。28

他確實認真看待心理學理論，並認為柯爾伯格不重視非西方文化的人與觀點；柯爾柏格所主張的「普遍性的階段發展」，是建立在西方哲學的假設基礎上，並透過西方世界的實證研究而得到驗證。在作者看來，這會變成學術上的帝國主義，導致文化衝突、最終導致世界毀滅。從今日看來，道德相關的學術理論會造成人類毀滅，這種論調是有點誇張，但在當時是合理的推測。

對於美國心理學界來說，這麼多人關切意識形態和理論的影響力，是個值得開心的轉變。否則數十年來，我們始終被嘲笑為「沙漠經驗主義」(dust-bowl empiricism，編按：在美國中心地帶的一些院校，研究人員只重視觀察與資料收集)。以前兒童發展專家只會對兒童在各個階段的技能和行為分門別類，或是從日出到日落記錄「孩子生命中的一天」。這些研究法令人感到索然無味。一九六〇和七〇年代，各種理論如雨後春筍般出現，為心理學帶來了新意和吸引力，而學者們投入的研究主題也更有價值了。

但理論也有其侷限性，特別是如果它脫離了我們準備解釋的問題和數據。在一九七〇年代的相關文獻資料中，充滿了細緻入微的討論。學者們討論普遍主義和脈絡主義、皮亞傑和維高斯基、行為主義和認知科學的差異，或是找案例從環境或生物（或兩者的互動）的角度來解釋人類行為。但這些討論和見解很難用來回答一般問題，像是：

家長或老師該如何應對難相處的孩子？

電視（以及甫問世的電腦或電玩遊戲）如何影響兒童和青少年的學習狀態？

什麼樣的友誼對青少年最有益？

為什麼年輕人容易出現反社會和破壞性行為？

年輕人從哪裡找到目標和動機來形塑人生的選擇？

隨著時間和社會背景不同，家庭模式的哪些改變影響了年輕人的想法？

今日年輕人面臨的挑戰與前幾代孩子的不同嗎？

學術圈以外的人都想尋求這些問題的答案。在我看來，要解決這些問題，我們需要的研究方法應更加以問題為導向、而不是從理論先行。我絕不是當時唯一提出這個論點的學者。一九七五年，我的恩師羅傑·布朗在與眾人合著的教科書中強調「大理論的時代已經結束了」。[29]

更重要的是，在我看來，用心理學理論來對抗緊繃的社會和政治意識形態，似乎與科學探索的開放立場不相稱。但另一方面，回歸制式呆板的經驗論也無法達到有建設性的目標。我始終認為，科學研究應該要避免涉入意識形態，但研究者又必須有前導與核心的想法與概念，即使他最終目標是找到解決問題的實際方案。當時的我非常清楚，在建構和批判理論時，要先深入探索基本的概念，這樣理論才有拓展的空間，讓我們更能理解與人類發展相關的常見問題。

在我的研究領域，我決定先處理感興趣的問題，而且以現有的概念和分類為基礎，但不受任何一種理論或意識形態所束縛。在解決這些問題的同時，我希望更能了解理論的建立過程，於是研究所得的益處就能互通有無，從理論到問題、再從問題到理論。這仍然是我的目標，因此，我的研究是在我們這個時代的知識氛圍中發展的，儘管我確實是以自己特有的方式在進行。

為了理解發展心理學中不斷湧現的新概念，我還投入另一件有趣的學術活動：編輯其他學者的著作。其中有兩件事特別重要：一九七八年，我規劃了《兒童與青少年發展新方向》（*New Directions for Child and Adolescent Development*）系列叢書，並擔任了二十五年的編輯工作；一九九八年，我成為《兒童心理學手冊：第五版》的主編，並於二〇〇六年與理察・勒納共同編輯了第六版。後來證明，編輯《新方向》是我人生中最珍貴的學習經驗。此叢書在發展心理學的各領域都開啟了新的方法，讓我對這極為廣泛的主題有些粗淺了解。基於我的工作成果，我獲邀成為《兒童心理學手冊》的編輯，而這本手冊六十多年來一直是我們研究領域的指標性教材。在才華洋溢、敬業付出的編輯團隊（勒納、羅伯・西格勒〔Robert Siegler〕、迪安娜・庫恩〔Deanna Kuhn〕、南西・艾森伯格〔Nancy Eisenberg〕、艾文・西格爾〔Irving Sigel〕和安・寧格〔Ann Renninger〕）的努力下，我們製作出四卷的套書，類似於《新方向》叢書，使手冊兼具傳統和前瞻性。[30]

伴隨我研究生涯而來的另一項有趣學術活動，是針對一般讀者寫的大眾書籍。這個主意不是我自己想出來的。在一九八〇年代中期，「自由出版社」（Free Press）的一名年輕編輯聽我聊到兒童道德，問我是否有興趣寫一本書介紹這個領域的現況。碰巧我有一份手稿，我一直想把它賣給哈佛大學出版社，但沒有成功。我修改了全部內容（只要時間允許，這是最實際的作法），然後把稿子寄給自由出版社，他們將書名取為《道德的孩子》（*The Moral Child*）。[31]令我驚訝的是，這本書的讀者群很廣，不僅有大學教師和學生，還有家長及其他大眾（不知怎麼回事，它甚至還在《時尚》雜誌上被提及，這完全是我意想不到的）。這次經驗激起了我對大眾寫作的興趣。

在一九九〇年代中期，我出版了《更高的期望》（*Greater Expectations*），還因此登上全國數十個大節目，包括《歐普拉秀》（這讓我感到困惑且惶恐）。[32]那本書告訴大家，如何以高標準來培養年輕人，讓他們懂得追求成就、為他人服務。如今，這個教育方針聽起來沒什麼了不起，但一九九〇年代是自尊運動（self-esteem movement）的全盛時期，在過度放任孩子發展的氛圍下，我的書引起了不少關注和爭議。《更高的期望》多次再版，仍然是我最暢銷的一本書。我無從得知它改變了多少大眾的觀念，但我確實相信，自從它出版之後，書中所批評的想法和做法已漸漸減少。

在接續出版的書中，我提出了一種以社群為基礎的策略，用高標準來教育年輕人，但沒有引起人們的興趣。我的行銷公關告訴我，讀者更想看到的是社會批判，而不是可能的解決方案。但我的目標是提出建設性的解方，所以讀者的期待對我並不利。我在這本書中提議，最好能制定一套高標準的「青年憲章」，以提供給相關社群來加強世代對話。這個提議有受到一些關注，也有團體嘗試了並取得一些成果。但事實證明，這是個勞力密集的策略，不適合廣泛運用。[33]它非常耗時，我調至史丹佛大學後，更無法把它放入自己的工作行程中。很遺憾地，我只能放棄了這個大有可為的計劃。

在史丹佛大學，我展開新的研究計劃，最終促成了《邁向目的之路》一書。我許多優秀的學生完成大量的研究，以擴展我們對於人生目的的理解，其成果遠遠超出了我自己的想像。[34]

不同於我父母親的故事，我的人生故事仍在進行中。到目前為止，我的工作都朝著我所描述的方向前進。我沒有停止嘗試新的方向，包括我在這本書中所設定的發展。現在回顧結果還為時過早，所以我就先這麼擱著，等等看是否會有任何義大利麵條還黏在牆上，就像我的大學室友亞歷山德羅跟我說過的那樣。

第 7 章

和父親打一場高爾夫

「菲爾身材高大、開朗外向，也是一名出色的高爾夫球玩家……」

這句話出自於肯尼斯．麥考馬克在美國新聞署的口述歷史，那是我在尋找與了解父親的過程中所找到的第一份文件。讀到這句話我感到既高興又沮喪。一想到父親精通這項充滿無限挑戰性的運動，我感到很高興，然而，遺憾的是，我永遠沒有機會和他一起打球。

過了幾年、看過數百份資料後，我對父親有了更多的了解。沒能認識他，真是非常心痛，尤其是我初次看到麥考馬克的記錄時，才得知他的高爾夫球實力。

我在十歲左右偶然接觸到高爾夫，一揮桿就愛上了它。我必須靠自己磨練球技，我負擔不起學費，也沒有父親在身邊指導我。我最終得知，父親是這項運動的專家。然而我從未有機會和他一起打球，這種悲傷一點都不甜蜜。他就不能來教我怎麼打球嗎？一次就好。也許我曾允許自己去怨恨父親的缺席，而這就是確切的原因所在。

在我的探索之旅中，關於父親打高爾夫球的資料不斷冒出來。我第一次見到維娜姑姑時，她告訴我，父親對自己的高爾夫球技巧感到非常自豪。我的妹妹拉萬補充了更多資訊，她回憶起，父親生涯的打球成績一直保持在個位數的低差點。他的孫子亞伯特指出，父親在曼谷極負盛名的皇家俱樂部贏得了一場大型錦標賽後，在牆上的英雄榜奪得一席之地。蘇瑪莉證明了我的猜想，高爾夫球對他在泰國的外交生涯有所助益，因為高官們都喜歡和他一起打球。

在沒有父親幫助的情況下，我需要靠自己學會許多基本生活技能，它們都比高爾夫球實用得多。在我成長的各個領域中，我在意的是他不在高爾夫球場上，或許是因為這項運動對他和對我來說都意義重大，而原本我們可以彼此交流的。在絕大部分的人生事務中，靠自己我都能做得很好。高爾夫是個惱人的例外：我的球技時好時壞，只能為自己贏得少少的榮譽。無論如何，得知父親是這個領域的高手時，我感到非常痛苦，直到今日仍然很難過。

但有時，只要運氣好、活得夠久，你就有辦法彌補一些人生的遺憾。多年後，我終於得到了父親的「遠距教學」高爾夫課程。

二〇一五年，我第一次拜訪伊莎·華納，當時她已經九十二歲了，仍然朝氣十足。伊莎當下就對我非常親切，並給予我兩份珍貴又令人難忘的禮物。首先，是一聲充滿善意的感嘆。伊莎突然對著我說：「你父親會喜歡你的。」儘管那似乎只是一句客套的讚美，但事實證明它對我的影響是很大的。這肯定是我渴望聽到的事，就算我當時已經六十多歲了。

伊莎的第二份禮物是在我們見面後一週送來的。回到家後，我收到一份包裹，裡面是我父親在一九五〇年代抵達泰國後拍攝的老舊黑白照片。其中有一張他在泰國高爾夫球場上的照片，身穿白色殖民時期服裝，周圍環繞著年輕的泰國球僮。照片捕捉到我父親正用他的挖起桿全力揮桿，他剛擊出了切球，空中還懸掛著一團草和泥土。

令我印象深刻的是父親的姿勢。他在擊球前，低頭俯看球所在的位置。如果你是高爾夫球玩家，一定知道這有多麼困難，也明白這秘訣有多重要。人們都想要用眼睛追隨球的飛行軌跡，看看自己是否打出了不錯的一擊，並看看高爾夫之神是否給了你一個極佳彈跳。擊球時保持低頭能增加擊球成的功率，但說起來容易做起來難。培養紀律、專注力、意志力、身體控制力和良好的揮桿習慣等美德，才能打好這項費時費力的運動。

我眼前是鮮明的例子，在伊莎寄來的照片中，父親展現出絕佳的球技，這是我從他那裡得到的唯一一課，而我學起來了。我把這張照片烙印在腦海中，往後我在擊球時就很少抬頭了。從那時起，我的差點下降了兩桿，這都要歸功於父親在半世紀前那張照片中的教學。

高爾夫球的精神與意義

在我的人生中，高爾夫代表著很多事情，雖然許多人只把它視為是愉快的周末休閒運動。我從十幾歲起就在窮困家鄉的破舊市立球場打球，場地遠遠比不上修剪整齊的高爾夫鄉村俱樂部。我們中學的體育老師會主動提供市立球場的優惠票給學生，每次只要五十美分，即使在一九五〇年代末期，這也算很便宜了。我找到一個朋友，他對此也很有興趣，我們放學後就衝去球場，擠進二十七洞的快節奏比賽，然後才回家吃晚餐。

我沒有記下那些日子裡我是怎麼打球的，但清楚記得我喜歡高爾夫的一切：跳脫家庭和學校的限制，在公園般的環境中漫步的寬闊感；一揮擊就能把小白球擊出數百碼的力量。即使與其他球員競爭，高爾夫球玩家也會保持運動精神，為其他人的成功慶賀。這項運動的法則瘋狂又沒有道理：打一個洞可以從勝利變成災難，然後在毫無預警的情況下又再次逆轉，既刺激又緊張。

事實上，我的確記得，我十多歲時在球場上有一次不錯的表現。那不是得分的問題，確切來說，是我十二歲時參加夏令營的開球比賽。我記得很清楚，我表現得非常好。參賽者全都排隊等待開球，然後再排隊等待第二次機會。我的第一次開球又長又直，遠遠超越其他人。幾分鐘後，在一陣讚嘆的驚呼聲中，我的第二次發球比第一次多了二十碼（至今仍是我個人的紀錄）。我把獲勝的獎盃帶回家，它足以證明，這件光榮事蹟確實發生過。

然而，這個故事有個奇怪的轉折，足以說明了我在第二章所提到的，記憶在本質上是不可靠的。在那次開球比賽的五十多年後，我去參加當年夏令營的同學會。眾人皆年事已高，現場很少人認識我或認出我，不像學校同學，夏令營的夥伴通常不會固定保持聯繫。有位親切的夥伴看到我時眼睛一亮，他比我小幾歲；我們當年彼此並不熟，但他記得那場比賽我贏了。

「我記得很清楚，那年夏天每個人都在談論這件事，」他興奮地跳著說：「威廉・戴蒙用推桿擊出二百五十碼！」這絕對是錯的：我和其他人一樣是使用開球木桿。但就算我盡了最大努力，還是無法移除這個傢伙的推桿記憶。它被封印在原處，成為他記憶中不可分割的一部分。他百分之百確定事情就是這樣。

我提到這段對話，是為了進一步說明記憶的構成本質，正如我在第二章中所討論的那樣。我猜想，這位夥伴是在無意中曲解了這段回憶，以解釋我如何達成此優異的成績，也就是我用了二種球桿。但我那次開球的距離遠遠勝過他人，而且絕對不是用推桿。

中學畢業後，我放棄了高爾夫長達四十年，轉而投入了更有責任的目標：撫養三個孩子和經營學術生涯。說句公道話，這確實是我的差點徘徊在十八左右的主要原因，所以不能歸咎於我父親。我流放高爾夫的四十年裡，只偶爾去過幾次球場。在那段漫長的時間裡，我把高爾夫視為禁忌的樂趣，因為得花許多心力練習，又會讓人上癮。只要浪費寶貴的時間，內疚感就會一整天揮之不去。我保持警惕，只敢把時間用在活動度高、又會出汗的運動上，例如網球和籃球。我有幾次鼓起勇氣去高爾夫球場，但都是偷偷摸摸、笨笨拙拙的。

借用王爾德的話：「拒絕誘惑的唯一方式，就是向它臣服。」抵抗誘惑的理由消失後，這個方式就特別有效。當我的孩子離開家並適應在外的生活後，我的人生開啟了新篇章。我重新進入了高爾夫世界，一開始是試探性的，就像回鄉後感到不自在的流亡者一樣。擔心是徒然的，我的揮桿能力又回來了，但我沮喪地發現，我年輕時自學的握桿方式很糟，不得不花幾個月的時間來改掉它。令人慶興的是，我重新熟悉了這項運動的獨特習俗和文化，包括友誼、競爭、禮儀和交流。打球時要全神貫注及保持謙卑，這兩件事對我來說都是有益的。與父親不同，我遠遠不是個偉大的高爾夫球玩家，但在球場上時常感受到的「心流」（或在心理學上稱為「最佳體驗」），仍然提升了我那起起伏伏的表現。但不該浪費時間的愧疚感還是揮之不去，所以我特別喜歡打極速高爾夫。

打高爾夫球牽涉到四種基本的感官能力。最顯而易見的是生理功能，尤其是當你放棄搭高爾夫球車、揹著球桿在球場上跋涉時；還有社交功能（比賽、打賭、抱持著運動精神為同伴加油）；心理素質（會影響每次揮桿的結果）；以及神秘的能力。

是的，我沒說錯。這聽起來有點誇張，但我在巔峰時刻有感受到它的存在。在一些相關的文學經典中，如約翰・厄普代克（John Updike）的《高爾夫之夢》（*Golf Dreams*）、邁可・墨菲（Michael Murphy）的《大英王國的高爾夫》（*Golf in the Kingdom*），作家都詩意地解釋了這種感覺。

厄普代克以他特有的分類學，率先揭開了高爾夫的奧秘。為了精確判定高爾夫包含了哪些活動，厄普代克考量過休閒、工作、娛樂和觀光等類別。他最終確定，這種運動超越感官、會產生迷幻的效果，而最好的類比就是像一趟旅程。他以華麗的詞藻和慧黠幽默的文句寫道：

高爾夫是種沒有化學成分的迷幻藥，能分解人體，讓各部位的連結鬆開、以奇怪的方式向外展延，但同時又會產生一些帶著焦慮的超意識……有如軟骨般的狂喜。高爾夫改變了人的身體感知。簡而言之，這個真理似乎突破了平凡過頭的現實和它被揭穿的結構。

我同意！我由衷佩服厄普代克的幽默與文筆，他精準捕捉到高爾夫球的方方面面，尤其是揮桿——只要動作正確，就能產生超越身體、心靈和空間的感知。

但更超脫世俗的描述，依然屬於邁可．墨菲筆下的「偉大比賽」；它是以蘇格蘭福斯灣旁的球場為背景。[1]在一九七二年的暢銷書《大英王國的高爾夫》（被翻成十九種語言、銷售超過一百萬本）中，墨菲帶領讀者一個洞、一個洞地探索神祕的球場「燃燒的灌木叢」。[2]故事中的大師叫作希瓦斯．艾倫斯（Shivas Irons），他為年輕的美國球友設計了有禪宗色彩的冥想練習，並不時提出建言，以提升對方的人生經驗和球技。燃燒灌木叢場上所有古老的球洞都閃爍著神秘和靈魂的光芒。

書中不為人知的秘密是，「燃燒灌木叢」其實是歷史悠久的聖安德魯斯球場（St. Andrews Links），而在那裡所舉辦的經典錦標賽，都會被稱為「高爾夫最偉大的舞台」。老球場的歷史可以追溯到數百年前，當時的比賽是在強風吹拂的海濱陸地上進行的，沒有人相信這裡除了放羊之外還能有什麼用途。球場充滿了歷史和傳奇色彩，世界各地的遊客都將它視為高爾夫朝聖地。我聽過一群大男人說，他們在第十二洞轉彎時，盯著遠方浮現的聖安德魯斯小鎮的尖塔，流淚都快流下來了。我的小女兒在愛丁堡大學讀過一學期，當時我長途跋涉從加州去看她，並順道去了那個指標性的球場。我在那裡打了球，回來後把記分卡和那天用的球放在我書架上的籃子裡，就像去參加大探險所得到的紀念品一樣。[3]

我成年後對高爾夫的熱情漸增，於是申請了史丹佛大學高爾夫球場的教師會員，還熱衷於閱讀高爾夫著作、看高爾夫電影。我也會找機會去其他的老球場打球，包括因小說《高爾夫之夢》而聞名的麻州球場（南漢密爾頓的近視狩獵俱樂部〔Myopia Hunt Club〕），以及電影《果嶺奇蹟》的場景——麻州布魯克萊（Brookline）的鄉村俱樂部。我還去主動聯繫了邁可．墨菲，並親自到他北加州的家鄉去拜訪。他向我解說了他對高爾夫神秘又獨特的視角，還讓我明白他對心理學的洞見以及人類身心表現的界限。（墨菲的另一項成就是在大蘇爾創辦了伊莎蘭學院〔Esalen Institute〕，是最早培育新時代精神與價值的機構。）跟他見面後，我對終身學習與發展的理解更廣闊了，而他對高爾夫的願景，也貫穿於本章的字裡行間。

深入了解這項運動（無論是神秘還是實用的面向），再加上對父親性格的探索，我便更加明白為何他是傑出的高爾夫球玩家。高爾夫的秘訣之一就是不能太努力，注意力過多和過少都不行。在《大英王國的高爾夫》中，希瓦斯大師在墨菲打不好的時候對他說：「邁可，你太用力了。」這跟墨菲的哲學和其他精彩著作的主旨一致。《大英王國的高爾夫》闡述了禪意與超然的態度如何發揮重要作用。在意，但不執著，輕鬆揮桿、順勢而為，球就會飛得更遠。「讓球場帶領你。」他寫道。而當事情出錯時，只需要「等一等」（或如大師所說的「等它過去」）。

這項運動對我父親來說是多麼完美啊！他正是一個不過度努力的專家。然而，碰上自己在意的事情（士兵受虐、推廣外交、第二個家庭）時，他不會閃躲，而且會挺身而出。我父親掌握了高爾夫的球技與精神，這是眾多人努力想企及的成就，甚至得付出多年的苦功、金錢和熱情。

不那麼努力的專家——我那缺席的父親與我的母親是多麼不同啊！當她意識到丈夫永遠不會再回來時，就決定要從打擊中站起來，並不斷努力地改善她自己和我的生活。她做事注重每個細節，整個人就像一團能量，但大部分都是惱怒之氣，這也是她難相處的原因之一。另一方面，無論是在學生時代還是成年後，大家都說我父親隨和、表現平平、不負責任、「沒有形象包袱」。用我們這時代的話來說，他過得很「悠哉」。總之，如果那些字有反義詞的話，都可以用來形容我的母親。

在這對永久分開的夫妻之間，我處在什麼位置？理想的話，在這兩個極端之間找到中間地帶是最好的，但老實說我不確定自己是否能做到。我在生活中應對事情的方式——無論是正事還是消遣——都更像我的母親，這種個性帶來了我人生的起伏變化。

本書一再強調，我的生命回顧是一項個案研究，除了我個人的經歷，不適合用來概括一般的狀況。但至少可作為例證，以說明養育比遺傳更重要。母親撫養我長大，她是我最直接面對的人生榜樣。我父親貢獻了他的DNA，這並不是沒有意義的：我真的很感激他這麼做了，否則我就不會在這世上了！但這並沒有塑造我的性格。

可惜的是，這也沒有讓我傳承到他出色的高爾夫球技巧。我現在更加確定了。

朝聖之旅

雖然我原本是心有怨恨，但一想起父親是傑出的高爾夫球玩家後，我對這項運動就更投入了。我必須承認，反之亦然，對高爾夫的熱愛讓我覺得與他的距離更近了，甚至感覺到有一點像他。在這些動機的驅使下，我展開了高爾夫朝聖之旅，與他的連結也因而更緊密了。

這趟朝聖之行並不是我主動發起的。某天，我的「新」表弟克里斯（維娜姑姑的兒子）打電話告訴我，有一組老舊的高爾夫球桿長年擱置在他們羅德島家的車庫裡，那是我父親年輕時用過的。我倒吸了一口氣，說想看看那些球桿。我不禁佩服起維娜姑姑，什麼樣的家庭會在車庫裡存放著七十多年前家人用過的高爾夫球桿呢？我對這種念舊的精神肅然起敬。相較之下，我所熟悉的家庭，包括撫養我長大的家庭、甚至是我自己培育的家庭，都像無根的遊牧民族一樣。

好心的表弟克里斯那週就把球桿寄給我。包裹抵達時，我拆開紙箱和包裝，就像考古學家在挖掘裝滿寶藏的墓穴一樣。球桿可以輕鬆取出，它們裝在一個輕質的帆布高爾夫球袋裡，而不是我慣用的堅固聚酯纖維球袋。帆布在歷經風吹日曬後變成棕褐色，底部邊緣裝飾著一些稀疏的皮革花邊，讓人想起維多利亞時代用來應對沙漠氣候的狩獵夾克。

薄薄的球袋裡只有一個口袋，我迫不及待地手伸進去，接著找到了更多的寶藏：兩顆高爾夫球和一張匹茲菲鄉村俱樂部的記分卡。高爾夫球上印有「高仕利」（Acushnet）字樣。高爾夫愛好者都知道，麻州的高仕利是頂級球具泰特利斯（Titleist）的發源地。高仕利公司的高爾夫部門於一九三五年開始使用「泰特利斯」這個品牌。該部門有兩位來自麻省理工學院的橡膠專家，他們設計了一款平衡性極佳的高爾夫球，比之前製造的都還要好。我父親出生於一九二三年。假設袋子裡的球是他最後一次使用時留下的（它們看起來確實很新），那麼他當時大約是十二歲。

記分卡則透露出更多內容。當天，父親和三個朋友一起打球：艾咪、安妮和史考特。在前九洞，父親打出中等成績的五十八桿，與他的朋友差不多。然後他獨自打了後九洞，並自己記下分數。後九洞，他揮出了強勁的四十三桿。想想看，這個十二歲的孩子使用的是僵硬的老式鐵桿、全木製造的木桿以及平衡性還不夠好的前現代高爾夫球（泰特利斯不久後就開始生產新球了）。我父親在後九洞的成績包括了標準桿四桿，可見潛力十足。

父親沿著匹茲菲鄉村俱樂部的球道移動時，實際上是如何打出這些分數的呢？我自己又會怎麼打呢？我很想看看父親練球的球場，看看他小時候踏過的土地。我想用自己長大後差勁的球技與他少年時的打球天賦較量看看。匹茲菲的球場在柏克夏山腳下，鄉民都稱這個可愛的山坡球場稱為ＰＰＣ，而我想在這裡打球。

外人想要進入私人鄉村俱樂部並不容易，但我很幸運地找到人幫忙。我的好友、也是我博士班學生坎達兒．布朗克（Kendall Bronk）的先生布萊恩剛好來自於匹茲菲。目前住在加州的布萊恩和我分享他在麻州的回憶以及對紅襪隊的不變情感。布萊恩小時候曾在鄉村俱樂部上過高爾夫球課，現在仍有一些朋友是會員。他介紹了一位老朋友馬修．

基廷（Matthew Keating）給我認識。這位迷人而優秀的年輕商人在匹茲菲的社交圈很有名氣，還立刻邀請我去匹茲菲和他一起打球。我父親那張一九三〇年代的記分卡深深烙印在我的腦海裡，我決定和父親打一場高爾夫。

匹茲菲鄉村俱樂部坐落在繁忙的市街上，距離我父親和維娜姑姑長大的房子不到一英里。前往俱樂部前，我順道經過位於南山路的那個家，它仍然完好無損。戴蒙一家人一直住在此處，到了一九五〇年代初期才搬走。祖父去世和維娜姑姑結婚後，祖母就搬到了波士頓，租了一層公寓，和她的表姊妹、我的「姨婆」們一起住。戰後父親先後住在歐洲和泰國，所以在相關文件中，他在美國的住所就是匹茲菲的這棟老屋。

我在戴蒙老家四周走了一圈，拍了幾張照片。沒有人在家，所以我看不到裡面的狀況。後來我得知，在我四歲前，母親曾多次帶我來拜訪，但眼前的一切都沒能喚起當時的感受和記憶。我的腦海中只有一個模糊的印象：祖父生病躺在床上，這肯定是我最後一次來訪。但這記憶是真實的還是虛構的，我無法確認。

從戴蒙舊家到匹茲菲鄉村俱樂部的車程不到十分鐘。那是一個晴朗的春日，天空湛藍、空氣清澈、微風吹拂，帶著山坡花兒的清香。抵達球場時，我被那片廣闊的自然空間以及波光粼粼的湖景山色所震撼。我不禁困惑起來，歷史學家皮斯在那本二戰著作中提到，我父親自己嘲笑他所生長的麻州小鎮是「鄉間僻壤」。說真的，我是在一個人口稠密、骯髒的工廠小鎮長大的，相較之下，我父親度過童年的田園風光之地似更為迷人。實在很難不感到一絲羨慕。當我得知父親的高爾夫球人生後，我的怨恨再次襲來：這個人為什麼不能至少來給我上一兩堂課呢？

然而，一旦踏上球場，我所有的負面情緒都消失了。揮出第一桿時，我感到一股自由的力量釋放出來了。綠色的山地似乎在邀請人們隨心所欲、全力以赴。我立刻放鬆下來，這在打高爾夫球的過程中並不是一件輕易就能做到的事，但卻是一切的關鍵。開球後，我的球道擊球都高高地飛向湛藍的天空，在最高點短暫地停留，然後輕輕落在修剪整齊的鄉村俱樂部草地上。每一次還不錯的揮擊——而且我擊出的好球比平常多——都讓我興奮不已。因為我對果嶺不熟悉，所以錯失了一些簡單的推球，這對我的成績造成很大的影響。但我的失誤絲毫沒有減少我穿越球場完成輝煌的十八洞時的喜悅之情。突如其來的山丘和湖泊遠景，以及自然和細心維護的風景，這裡和我之前去過的任何地方都不一樣，對我來說並沒有感到奇怪或陌生，恰恰相反，我感覺就像回到家。這個球場似乎就像對待一個親生兒子那般地歡迎我。

至於我的成績——嗯，總歸一句就是，我父親在他十二歲或年紀更小時，大多數的球洞都打得比我好。我的總桿成績是九十三桿（我當時在各球場的平均分數），前九洞打了四十六桿，後九洞打了四十七桿，但無法與父親在後九洞打出精彩的四十三桿相媲美。我總共在十八洞中打出五個標準桿，也比不過他打出的六個標準桿。他的總桿數（一百零一桿）比我高，但這是由於前九洞的混亂情況造成的，包含他和朋友們胡鬧時打出的八桿和九桿。不過，當他獨自一人並開始集中注意力時，一切都改變了。那刻，縱使他只是個十二歲的孩子，用的是過時的球桿和球，他還是以明顯的優勢超越了我。如果這是一場才藝競賽，那麼他一定名列前茅。

事實上，我想要比較我和父親的表現，不是為了競爭。與小時候的父親間接交鋒令我感到極度滿足。我在這裡打過球，就能清楚想像父親打得有多好，這令我感到驕傲，也覺得被救贖了。驕傲，就像每個人都會欣賞家人的成就；被救贖，是從自己那不成熟的怨恨中解脫了，不再覺得父親是沒用的失敗者。平復那些不安的焦慮，已成為驅動我去做生命回顧的動力之一，這是我最真切的渴望。我要重新、完整地認識這個原本從我生命中消失的男人。後來我發現了父親的其他成就，相比之下，高爾夫只是小事，然而，對我而言卻是非常重要。它代表我與父親有所連結了：對這項偉大的運動，我們有相同的感受。

第8章

從有失有得的人生中揚起感謝的心情

「遺憾，我也有過一些，不過，值得一提的也不多。」法蘭克．辛納屈在〈我自己的路〉（My Way）中唱道，我笑著想，這句歌詞真有智慧。在展開生命回顧之前，我從來沒有仔細想過自己人生經歷的源起和可能性。這種心態雖然看似勇敢，但並不足以支持我的心理健康。於是我開始重新審視過去，揭開其中秘密，最重要的是，好好處理埋藏在我心底的遺憾。

遺憾是自我接納時不得不面對的難關。根據定義，每個人都會後悔自己做出的一些選擇，但一直困在其中，我們的情緒就會不穩定。緊抓著遺憾，就會產生怨恨和痛苦，甚至懷疑一切是否有意義。艾瑞克森一再提醒人們，走向極端的話，還會變成永久的絕望感。回顧過去時，若不放下遺憾，我們就難以肯定自身的經歷和生命的價值。

然而，以正面的方式處理遺憾、從錯誤中學習，它就會成為自我更新和成長的契機；去理解為什麼自己會犯這些錯誤，並在未來選擇不同的道路。隨著年齡漸長，我們的任務是以成長為導向來接受這些遺憾，而不是在沮喪的狀態下耽溺其中。在生命回顧中，區分出兩種不同類型的遺憾很重要。客觀上，我們會深切反省造成實際後果的錯誤行為；但在主觀上，我們也會猜想當初可能發生、卻無法證實的情況。區分這兩者很重要，因為我們得用不同的方式去處理；若不能化解悔恨的心情，就會掉入情緒的陷阱中。

第一種遺憾是認知到自己所犯的實際錯誤：正視它們、從中學習。這也是生命回顧的首要好處：審視過去的經歷、找到改變的契機。我在本書中一再強調，回顧人生有助於我們了解過去，還可以藉由它們所涵蓋的教訓來指引未來。

第二種遺憾來自於「平行宇宙」思維。「想像著未曾走過的路，描繪出與過去不同的人生……」無論是有意或無意，這種思考模式反映了對現狀的不滿，而當事人通常會讓這種心情持續存在。我們因此就難以用正面的角度看待多年來歷經的起起伏伏。「當初如果那樣的話……」，這種思維模式正牴觸了自我接納的第一原則：人生中歷經的事件成就了今日之我，這在其他時空背景下是無法辦到的。

審視過往時，我發現到自己一直活在這兩種類型的遺憾中。這是一種覺察。以往我總對自己說「我沒事」，輕忽真實的感受，並將許多遺憾埋藏在心底。日常生活是可以繼續過下去，但心有罣礙。事實證明，否認感受沒有多少好處，現在我已試著去面對了。

關於客觀上的遺憾，我發現自己的確犯了一些錯誤，並得從中記取教訓。錯誤之一是，我沒有督促自己與母親好好聊聊，並了解父親究竟發生了什麼事。可想而知，那會是一場充滿痛苦、令人尷尬的冗長對話，她當然會抗拒，但我猜想，這應該能讓我跨出舒適圈一大步，而且不會傷損到我們母子的關係。事實上，這很可能會加深我們之間的連結，進而打開正向交流的大門。沒有這麼做是嚴重的錯誤，因為我永遠無法解開那些謎題了。母親去世後，她所知道的一切都消失了，我再也沒有機會與她分享彼此的感受。

因此，我從生命回顧中得到的第一個教訓就是，只要你有家人，在為時已晚之前，一定要與對方進行重要的對話。這可能很難做到，就像拔牙一樣，令人感到彆扭、矛盾甚至是多餘的。不像好萊塢電影，這樣的談話交流很難以微笑和擁抱結束。但它有許多珍貴的好處：

對自己：發現自己生命歷程的完整背景。

對人際關係：消除誤解、打開順利溝通的大門、促進彼此間的理解。

對你所愛的人：表明你願意突破困難、付出努力。

這些對話非常迫切，因為無形的資產正在消失，如果不及時進行，它們就會失去價值，最終不復存在。

我的另一個客觀遺憾是，父親的線索時不時就出現，但我未能及時跟上。我最嚴重的錯誤是，在我混亂的中年時期，沒有回覆琵奇特拉的第二封信。忙碌的工作不是藉口。透過生命回顧記起那次的疏忽時，我就意識到自己犯了非常嚴重的錯誤。與父親的家人見面後，我更明白自己錯失了很多交流的機會，首先是維娜姑姑和她的兒子（我的表兄弟）、維娜姑姑的其他親戚，以及我父親的其他女兒（拉萬和蘇瑪莉）。他們都是很棒的人，若能早點認識他們，對我的人生會有很大的幫助。

我年輕的時候，對於許多事情的微小線索也同樣是反應遲鈍。雖說如此，那位討厭的女士說「有其父必有其子」，我卻記得非常清楚。我可以確定，一定還有一些我無意間放掉的線索，比如我童年時其實看過祖母。這些印象雖然是零星的，但都能帶領我去探索父親的謎團，只是我從未有所行動。

這一切加總起來成為我最大的遺憾：我錯失機會，沒能在父親還活著的時候見到他、了解他。這本身就是一種損失，也導致我到了晚年，才有機會認識我同父異母的妹妹、表兄弟姊妹和維娜姑姑。對於一個幾乎沒有家人的男孩來說，他們的出現真是上天的恩賜。我非常珍惜這些「新」家人，歷時這麼久才相聚，令我感到揪心。

深入了解父親後，我產生了一種不確定的複雜情感，但這也透露出，他的生命歷程在各方面塑造了我的命運，特別是學校教育這個重要的環節。這一點非常關鍵，因此我才能正確理解自己過去的演變和今日的樣貌，並且真實地描述我成長歲月中的身分認同。我長久以來對父親的命運不聞不問，導致最基本的自我理解延遲了數十年才形成。

這種毫不關心的態度從何而來，我又能從中學到什麼？在此，我也透過生命回顧來記取教訓。如我的學校記錄所揭示的，我固執又獨立的個性可以追溯小時候。因此對於缺席的父親，我展現出挑釁的姿態：「我不需要你！」其他人有父親可以求助，因此對於像我這樣被迫要自力更生的男孩來說，那種姿態是可以諒解的。（就原則上來看，每個人的早期傾向都應該是「情有可原的」。）但如果長時間疏於照顧，這種固執的傾向就會阻礙學習和成長。孩子會變得驕傲並養成其他壞習慣，在知性上不懂得保持謙卑（這是一種基本的美德）。我執拗的性格養出了難以理解的漠不關心，並阻絕了我找到父親和他家人的每次機會。

學習能力仰賴於謙遜、好奇心和開放的想法，並願意冒險找出會暫時擾亂心情的事情。我對父親缺席的漠不關心，導致我沒能冒這個險。這些是我成年後學習性格教育才了解的。

我更驚訝地發現到，我長久以來都懷著第二種類型的遺憾，甚至更加主觀。我發現父親並沒有死於戰爭後，不時會反覆地想著他，想像他是沒出息的無賴，過著沒有成就或沒目標的空虛人生。這種帶有偏見的形象與我年輕時所得到的線索相互矛盾。我大學二年級時，母親才透露說，其實父親有寄來扶養費，但這行徑不像我一直以為的那種沒出息的無賴啊？二十年後，我從琵奇特拉的第二封信中得知，父親有一個穩定的第二個家庭，並且在外交工作上享有盛譽。儘管如此，我還是固執地深信他是個漂泊的浪子。這不僅違背了事情的真相，也讓我無法理解他的所做所為。而我也更難原諒他拋棄了我和我的母親。

寬恕是另一項重要的品格和美德，我們因它而免於無盡的怨恨和痛苦，還能創造機會，與對方重新建立正面的關係。我們不再下意識地不肯原諒自己。從琵奇特拉的第二封信中得知我父親生病時，我對此毫不在意，甚至有過一絲念頭，認為這是他活該（但我不敢肯定自己是否真的這麼想，也忘記我對那封遺忘已久的信的反應）。無論是哪種情況，我對父親的曲解和不寬容的想法是錯誤的，多年來，它們也導致我思緒混亂和情緒不安。我對他懷有一種不為人知的怨恨，這是最糟糕又不容辯駁的心態。我在仔細回顧人生時才釐清這一點。

因此我得到教訓：抱持著沒有現實支持的虛幻信念，就是自欺欺人。其他危害也會隨之而來，包括無法看清事實，並放棄像寬恕這樣有建設性的方法。

直到以生命回顧摧毀了我對父親的虛幻形象和不滿後，我才能將對這些事的理解和寬恕延伸至他的記憶中。這對他來說已經太遲了，沒有任何價值，但事實證明，我的內心卻得到真正的解脫。

在最近一次與我同父異母的妹妹拉萬談話中，她開口便說：「我們的父親運氣不好……」我不記得她後來說了什麼，甚至不確定我當時有沒有聽進去，我沉溺在開場白的情緒中。但自那時起，這句話深深地印在我的意識裡。我的父親二十年來一直在和可怕的病魔纏鬥，據麥考馬克的描述：「他臥床不起，我認為他應該是失明了。他唯一的快樂來源是從國會圖書館取得的有聲書。」而今我因同情而感到心碎，也希望能為他做點什麼。更重要的是，我真希望在那重要時刻我能在場，對他說一些安慰、寬恕的話，讓他知道兒子過的生活。如果當時我能明白現在所知曉的一切，甚至會對他說出感謝的話。我花了很長時間的進行生命回顧，才能有這樣的感受，我也因此感到慶幸。

感謝生命所帶來的補償

生命回顧的主要目的是肯定自己生命的價值。理論上說來很容易，但每個生命的細節都有正反面，有些細節難以肯定看待之。現實生活中有許多摧毀許多生命的悲劇，要對它們正面思考是很困難的。重病、失去親人、戰爭、內亂、經濟崩潰以及人生常見的其他災難，都會影響生活的品質，令人陷入苦難。「一切都會好起來的」、「保持樂觀」等簡易的說法不足以減輕這類悲劇所造成的痛苦。找到有意義的方式、鼓起勇氣去面對，才能度過那些傷痛的日子。

除了悲劇，生活中我們也常擬定不周全的計劃，而錯失機會、讓人失望。當中有些是我們自身的不足所造成的。這種自我造成的傷害很常見，而我們該如何平靜地接納它們呢？

在生命回顧中，自我接納的道路是由感恩引領的。邏輯上來說，每個人被賦予生命來到這個世上，而一生中所發生的事，有些在我們的控制範圍內，而有些不是。我們不該為無法掌握的結果負責。透過生命回顧，就得以看出哪些驅力超出了我們的掌控，並將我們帶往不幸的道路。我們也可以將這些驅力納入偶然的影響事件中，因為人生便是由此塑造成的。若偶然的事件有其意義，而不幸的結果又在容忍範圍內，那感恩的道路就會浮現了。如果結局極其悲慘，就必須先行哀悼，並尋找方法來面對痛苦。但這會涉及到深刻的人生思索，而不光是在生命回顧中試著自我接納。

為了掌控命運，每個人都會做出大大小小的選擇，也會問自己，結果是否有如我們所願。發現自己犯錯、也感到後悔時，就得記取教訓，但這並不會改變現在的處境，走上這條路都是你的選擇。那又要如何看待其他的道路和可能的選項呢？在生命回顧中，「沒有走上的路」不是失去的機會，而是另一條截然不同的道路，完全偏離於你已經選擇和塑造的當下人生。但無論我們做了什麼選擇，都造就了今天的我們了。

一般說來，人們都希望保有自己的身分認同，有時會羨慕別人的處境，但總不想要在思想和精神上變成另一個人。只要還活著，我們會致力於體驗人生，無論之後會變成什麼樣子。體會到這一點後，就該更看重造就今日之我的選擇。我們還是要尋求進步，但也要重視當下所成就的這個自己。感謝年輕時的自己，是他做出的選擇帶領你走到這裡。這些決定及結果都是屬於你的，除了你自己，沒有人可以變成你。

因此，我們要看重自己做過的選擇，它們是造就今日之我不可或缺的一部分。珍視這個基本的真理，就是心存感激的關鍵。感謝自己所擁有的這個人生，以及你為它而做出的一切抉擇。

現今，心理學界有許多對於感恩的研究，也證實它有諸多好處。羅伯特・埃蒙斯（Robert Emmons）與同事研究發現，心存感恩的人與當地社群有更深刻的連結，與親友之間的關係更圓滿，自己也更受人喜愛。相較於不知感恩的人，他們較少有壓力相關的疾病，身體更健康，血壓也更低。埃蒙斯的實驗證明，培養感激之情可以增進身心的健康快樂。感恩的態度會帶來奇蹟，產生喜悅、平靜和寬恕的心情，還能激發學習精神，為茁壯成長鋪路。感恩的人還會得到別人的正面回應，因為他們向周圍的人散發出一種認同的氛圍。此外，感恩的人在艱困時刻更能展現韌性。[1]

因此，感恩是一種品格力量，而不僅僅是出於禮貌說聲「謝謝」那麼簡單。感恩是後天所養成的決心，要在生活中尋找正向的性質。提醒自己所得到的好處，深刻體驗對它們的感激之情，並對源頭感到善意，進而產生積極行動的渴望。感恩的對象可以是人（朋友、同事、親人）、超自然力量（上帝、大自然）或機構（國家、社會、學校、學院）。而在大多數的宗教中，感恩被視為最重要的美德。在探討「公民道德」的著作中，感恩則被視為是慈善行為的主要動力。[2]

在回顧人生的過程中，我意識到自己一直心存疑慮：如果有個父親在我身邊指引我、保護我、為我樹立榜樣並承擔一切，我的人生會不會變得更好？年輕的時候，我將這些疑慮深埋在心裡，而且出於直覺，我刻意不理會它們，並安慰自己說，我可以照顧好自己。但這些疑惑始終存在，每當我遇到難以處理的嚴重問題時，它們又會跑出來，使問題加劇，增添令人不安的憤怒。這些長期存在的疑慮籠罩著我的正向認同感和幸福感，該如何消除呢？

我的解決辦法是感謝我的家庭狀況對我帶來的影響。這就是前面所說的，自我接納的道路是透過感恩來引領的。但是，我不需要費力地說服自己，過去和現在的狀況滿足了我所有的心願，也不需要用客觀的角度跟自己說「一切都是最好的安排」。我真正需要的是，感謝我過去和現在的狀態，因為它們成就了我人生中所珍惜的一切事物。再進一步想，我的過去和現在還有助於我為將來做出更有明智的選擇。

想要培養出這種感恩的能力，需要先了解，在逆境中如何得到彌補性的好處（它至少在心理上是有意義的）。相反的，意外之財像是中樂透，得主有時反而會慢慢變得不快樂。發現自己處於不幸的環境時，我們往往能找到適應、甚至是成長的方法。有時，在適應過程中，我們確實在客觀上變得更強大：許多運動明星都在年輕時克服了身體極限、不少頂尖的商業領袖也曾受困於閱讀障礙或其他學習障礙等。適應力也有主觀的面向，比如學會接受無法改變的情況、知足地生活。臨床文獻指出，關於因意外事故而截癱的患者，經過大約一年的調整後，通常都能會恢復到接近事故前的主觀福祉狀態（Subjective well-being）。斯多葛派的哲學家古早前就意識到，心理狀態與生活的客觀條件並沒有必然的關係。

作家梭羅也寫道：「內心沉靜、做好準備，就能在每一次失望中找到補償。」[3] 在生命回顧中我才發現，不管是客觀或主觀經歷，父親的缺席都讓我得到大大小小的補償。客觀上，我學會自己想辦法過日子，如果父親在我身邊照顧我，我可能就沒這麼獨立了。

從學校教育來看，我跟父親讀過同一所高中和大學，他從雙親那邊得到的安全感比較多（甚至是溺愛），他想必過得很快樂，但也因此變得散漫、表現不如預期。相較之下，我在艱困環境中成長，孕育出雄心抱負，因此在學校和早期職涯的競爭環境中，我受益匪淺，更加有韌性。

至於家庭生活，在回顧了母親的特質、我自己的性格以及間接推敲出的父親性格後，我相信，他的返家對我們任何一個人來說，都不會有好結果。我無法想像，他與我母親如何相處得來，哪怕只是很短的一段時間，更不用說要維持婚姻了。至於他和我，衝突也應該是必然的。琵奇特拉說過，她和父親常發生爭執，因為她非常獨立。但連她如此友善又大方的人都受不了，更不要說是年輕時的我。父親會如何對待極度難相處的妻子和無比固執的兒子呢？我現在很慶幸無需置身其中去找答案。

但也別把我的處境想得太樂觀，由於父親的缺席，我的確承受了客觀上的損失。該如何成為成熟的男人？對此我一無所知，只能在年少時期自己摸索。有些是小事，如打領帶、刮鬍子、騎腳踏車和開車，只要度過尷尬的笨手笨腳期，就能弄明白了。但其他的事情就更困難、更重要了。比方說，我有了孩子後，就得靠自己學著當爸爸，而沒有小時候看到的榜樣可以借鏡。此外，這一路走來，沒有父親教我認識世界的運作，也令我錯過了一些工作機會。

然而，對於這些客觀上的損失，我在主觀上找到了補償性的心理效益。（這是我最後一次談起高爾夫了，雖然用游泳、溜冰、園藝、閱讀或其他愛好也說得通，但本書始於高爾夫，所以我想貫徹到底。）找出失蹤父親的真相後，我打球的體驗就更加不同了。重點是，在高爾夫球場上所得到的主觀補償，正是我在整個生命回顧過程中想喚起的感恩之情。

從童年時期起，高爾夫就一直是我的興趣和快樂的泉源。我很重視自己的運動表現。多年來我都在追求進步，而且主要是靠自己的努力（出於固執和節儉，我從未花錢上過課，但會認真聽取球伴的建議）。自學的成果很有限：我可以打出各種好球，但缺乏打出好成績所需的熟練度和一致性。我心裡明白，剛開始打球時若有父親在一旁指導，我會成為更出色的高爾夫球玩家，不用再去改掉在無知中養成的壞習慣。我可以學到正確而長久的練習法，以培養出精湛的球技。光想到這些好處我就興奮不已，但這件事永遠也不會發生，也確實是我人生實質上的重大損失。

在我思及這個客觀上的損失時，也想到了一起打球的眾多高爾夫球高手；每當表現不夠完美時，他們都會很懊惱（每場比賽都會有既定而惱人的起起伏伏）。擊球失誤時，沮喪、苦惱和恐懼就牢牢嵌進這些玩家的情感包袱中。他們都非常優秀，但沒有享受在比賽的當下。

相反的，雖然我的球技很平庸，但我非常享受在球場上的每一刻。擊出好球時我會驚嘆，擊出壞球就一笑置之。擊球太差而陷入長草區時，我反而會感到快樂，因為這時就能動動腦，看看能否以奇蹟般的擊球來挽救局面。我由衷享受這項運動，是因為我對自己沒有太高的期望；在缺乏指導的情況下，我只能打出這般普通的成績。但我對高爾夫的迷戀讓我踏上了遙遠的冒險之旅，豐富了我的人生。

但若有父親的指導，我是否還會這麼著迷就很難說了。當然，從現在的角度看來，一想到能學好這項運動，還能與從未有過的父親分享共同興趣，我感到很興奮。另一方面，我在研究中發現，許多年輕人對於父母所引薦的活動都會失去興趣，因為他們希望興趣是自己找來的，這樣才有個性。我不確定當年我會抱持哪種心態。但無論如何，我不想改變我與這項運動的關係，對於現況我很滿意，也很慶幸自己打得還不錯。

從這項偉大的運動中，我得到如此的啟發，並應用在生命回顧中。我用類似的方式來審視自己的過去和現在。所謂有失必有得——有些是客觀的，有些是主觀的。體認到這些補償作用，我便更加深信，人生值得感謝的事情很多。這股信念很重要。生命回顧的目標是更新身分認同，為正向的未來做好準備，而這些都取決於感恩的心。

不論你現在幾歲，更新身分認同都有益處

每個人都會自發性地審視自己的生活；想確定自己是否從事對的工作、是否處在正確的關係或住在最適合自己的地方。此外，我們還會評估自己的財務狀況，還有自己對家庭、工作甚至是全世界的貢獻。我們會問自己是快樂還是不滿、想知道自己是愚蠢還是睿智。對大多數人來說，這些自我審視很常見，只要短暫地反思當下突出的個人狀況或特別之處就可以了。

然而，有些審視是具有特別意義的，需要覺察和持續進行。畢業、結婚、離婚、找到新工作、退休、失去親人、身體失能、染上重病，這些重大轉變都會觸發自我審視。在這些生命的關鍵時刻，每個人都得在心理上適應新的情況；有些轉折充滿希望（畢業、

結婚、新工作），有些則帶有不祥的預兆（健康或財務問題、甚至是退休）。無論你是否樂於接受改變，都得做好準備、評估自己的身分，並預見自己可以成為什麼樣的人。因此，你得更新認同、再次肯定有益的成分，並根據需要修正或添加新元素。你有能力評估未來和重新調整認同，並創造新的挑戰和機會，接下來的狀況一定與過去不同，但會有其連貫性。身分認同在某些方面是承襲以往的，但依據新環境重新審視它們時，就必須做出相應的改變。

調整身分、適應變化的環境是成長的關鍵。對於進入成年時期的年輕人來說，便是要學著融入工作者、父母和公民的角色。對於離開職場的老年人來說，就是要尋找適合的新目標和生活方式，當個優雅的老人。[4]但不管是哪個年齡層的人，都需要在心理上自我評估、確認目前的身分，找出適應和轉變的方式，才能迎接未來。

身分認同並不是隨機發展的，像在空白畫布上隨意塗鴉。正如各類心理發展，認同的成長也是建立在既定的概念上，而且無論後來增加了什麼，都是從它們延伸而出的。奧地利心理學家海因茲．威爾納（Heinz Werner）說過：「有些東西不會憑空出現。」因此，了解過去，才能知道自己的認同是如何成長的，並使我們有意識地掌控要前進的方向，以及未來的樣貌。透過生命回顧，我找到自己學術生涯的源頭（研究人類發展和道德使命感）。我因此下定決心，要將這條線延伸至我未來的計劃中，並找到新方式與他人分享這個目標。我獲得了更多的能量，抵抗了倚老賣老的誘惑，免於放棄熱情、退回到沒有意義的怠惰生活。了解過去，就能找到新目標、增強行動力，以適應即將面臨的轉變。對過去了解愈多，對未來方向的選擇就愈明智。[5]

生命回顧是一種特別的功課，讓我們有意識地掌控自己的認同及其未來的發展。隨著年齡增長，它能幫助我們進行反思，並得出更多訊息。身分認同會隨著時間而改變，正如我所指出的，這種變化總是取決於過去的經歷。但對大多數人來說，過去的重要片段很容易被遮蔽，這是由於記憶力有限、缺乏關鍵事實或不為人知的家族秘密（如我的情況）。而生命回顧的價值就在於，修復過去重要的部分，以促成對現況的理解。在理想情況下，這份清澈的思維讓我們更能帶領自己的內在與外在走向未來。在回顧中喚起感恩的心情，還有助於肯定過去經歷的價值，並坦然接受事情沒有按照你的期待和計劃進行。

生命回顧有兩個好處：讓你用正向的心態看待過去與現在，並清楚看到光明的未來。若想成為成熟的人，這兩者都很重要。率先提出生命回顧法的羅伯特·巴特勒，特別關注老年人的身心狀況，尤其是陷入憂鬱的長輩們。艾瑞克森的生命發展階段論啟發了巴特勒的研究方法。艾瑞克森也很關心老年人的福祉，他強調，肯定自己的生命價值，才能促成自我整合、避免陷入長年的憂鬱中。巴特勒則指出，對於身心健康的一般大眾來說，生命回顧也很有益。不管你處於哪個年紀，都可以更新認同；這一點巴特勒和艾瑞克森所見略同。我非常支持他們的主張，但唯一的依據是我自己的個案。不過，我在衰老前基於非臨床目的所進行生命的回顧，的確為我帶來了那兩個好處。

如果可以的話，我真希望能早一點開始生命回顧。我逃避過去和自我壓抑太久了，沒有去面對真實的感受。沒有父親的陪伴，我一定有些缺憾。我也誤解了引領我走向學術研究的求學之路。我沒有早點與家人們聯繫，否則應該會滿愉快的。在生命回顧中所發現的訊息化解了這些感受、揭示了關於我父親的真相、糾正了我對自己發展軌跡的錯誤臆斷，並改善了我現今的家庭關係。我樂於接受這些好處，也遺憾自己拖了這麼久才理解這一切。

然而，如同其他的遺憾，這個遲來的遺憾也有連帶的補償。有一次，我對新發現的往事感到興奮不已，一位朋友對我說：「比爾，幸虧你找回了你父親的過去，也幸好你沒有在更早的時候發現這一切。」我當時對他說的話有點不解，如今也不確定自己是否完全認同。但我確實知道他的意思，也感覺有些道理。首先，如果我於母親還在世的時候就展開探索之旅，她一定會感到很受傷。直到今天，我還是不確定我應該為此做些什麼，只知道對我們母子倆來說，任何一步都會走得很辛苦。第二，如果我在年輕時候就找到父親，並與他建立起關係，我就不會是現在的我了。若父子重逢時我還很年輕，我就會對他產生極為負面的想法，兩人的關係就會變糟。母親會帶著憤怒處理問題，而我的叛逆性格會使情況更惡化。誰知道這些激烈的互動會對我的成長歲月產生怎樣的影響？更重要的是，經歷了現在的人生，我才設法培養出生活技能和各方面的優勢，學會在沒有父親的情況下應對難題。在生命回顧中，我意識到這些補償作用並覺得感激。

把自己當成研究對象

對我來說，這是個戲劇化的轉折，由於女兒的那通電話，觸發了我回顧自己人生的旅程。關於生命回顧，我有幸讀到巴特勒及其追隨者的著作，以及麥亞當斯及其同事的開創性科學研究，才因而了解人生故事、敘事認同和人格發展的關係。我不想採用正式的科學方法來審視自己的人生，因為，相較於一般的發展模式，我對自己獨特生命的成長模式更感興趣。因此，我只有制定不那麼正式的研究程序。我所做的工作都是基於簡單的常識，比如檢查回憶、記下想起的一切，檢索我和父親在學校的記錄。我還聯絡了數十年來沒碰面的親友，見見父親的好友，詢問他們所知道的情況。我也去搜尋歷史檔案，尋找父親在軍隊和外交機構的服務記錄。

此外，我利用網路找到了「新」家庭成員，並以此填補空白，因為紙本資料有所缺漏，有些關鍵人物也過世了。交叉比對不同來源的記錄，就能驗證我所找到的資訊。這是個崎嶇不平的探索過程，在科學上並不可靠。記憶的變幻莫測難以避免，我能想起的人生故事便始終保有模糊地帶。

出於這些原因，我不認為我的方法可以應用在心理學的研究或實踐。更確切地說，它是一個示範案例，某種前導研究，只有一個研究對象：我本人。這段經歷對我個人來說非常有價值，從發展心理學家的角度來思索它，也非常有趣。我會樂見同領域的其他學者找來更有代表性的受訪者，對其進行慎密的研究，以探索生命回顧法的潛力。巴特勒和他的追隨者還開發了「引導式自傳」、「組織後的回憶」（structured memory）以及「回憶的藝術與科學」等概念[6]。我相信這些開創性研究為全人類的發展帶來希望和洞見，所以值得對其進行系統性的探索。我在自己非正式的生命回顧中並沒有做到這一點，但對於那些有興趣嘗試此一前瞻方法的人，我真心希望我的經驗能作為參考，讓他們的中晚年生活更加充實。

生命回顧本質上是有目的性的，我們是用它來努力找回肯定自己生命意義的事件，以及多年來自己所發現與追求的目標。而在我的生命回顧中，包含了三個個人目的和一個專業目的。

第一個個人目的：找回我父親以及他的人生故事。這個目的是因我女兒瑪麗亞的一通電話所觸發的。她揭開了深埋的家庭秘密，我深受吸引，於是投入多年的時間去探索和追尋。我對這個人的人生感到好奇：他成為我的父親，卻永遠消失在我的生命裡。漸漸了解他時，我的好奇心擴展到了他的第二個家庭、他的軍旅歲月和外交工作，以及他所經歷的歷史時期。我父親的人生故事與他那個變動的時代交織相連。當然，對每個人來說都是，但我父親所捲入的歷史漩渦特別引人入勝並豐富多彩。這激發了我更多的好奇心，所以他的故事在本書中才佔有絕大的篇幅。

第二個個人目的：了解我父親的家人。這些年來，由於我的忽視，所以錯過許多與他們交流的機會，但真正認識他們後，毫不誇張地說，他們每個人都樂於與我、我的妻子和孩子建立關係。他們都是很棒的人，善良、有趣、體貼又好相處，又有個別的才華和人生經驗。拖太久才見到他們，的確是個重大損失，但我坦然接受，並告訴自己好好享受生命回顧的結果。

第三個個人目的：了解自己。這個目的很常見。隨著年齡增長，我們會發現自己其實不那麼理解過去發生的事，雖然它們造就了現在的我們。每個人也都會以難以理解的方式產生變化。對我而言，想要了解人生歷程以及造就現今之我的變化，就得去理解父親的人生故事對我造成了哪些影響。瑪麗亞的電話促使我開始探索時，我正處於某個階段，已經準備好要回顧人生了，就像巴特勒和艾瑞克森所寫的，每個人都會試著自我更新和肯定生命。瑪麗亞的電話來得正是時候。我原本可以從早點從中獲益，但晚做總比沒做好。最終我了解真相，並獲得了許多啟發，也更加明白，不管在生命的哪個階段，提升自我知識都是很有價值的。

第四個專業目的：試驗身分重建和自我更新的新方法。這種方法大約在二十年前出現於我的專業領域（終生發展心理學）中，但尚未得到應有的重視。這種方法仰賴於講述人生故事。從一九九〇年代開始，許多重要的學者與作家都探究過與其密切相關的方法，但這個體系尚未在主流的心理學界造成顯著的影響。相較之下，近年來各個人文學科反倒對個人敘事有著濃厚的興趣，從故事團（StoryCorps）受歡迎的程度便可得知一二。這個組織的使命是「記錄、保存和分享來自不同背景和信仰的美國人所發生的故事」。故事團和其他類似的倡議活動都很成功，這證實了講述人生故事的感染力。這個心理學方法有助於反思認同和自我成長，巴特勒及其追隨者也在研究中發現它的潛力。我對於這種新方法很感興趣，並想親自嘗試一下。

作為助人的職業，心理學自問世以來，各個專家都在尋求方法為人們提供諮詢，以應對自我探索和自我整合的挑戰。最初他們只關注在過去未解決的矛盾，以減輕心理上的痛苦。正如佛洛伊德深入挖掘病患的記憶痕跡，以修復從未癒合、從未被認清而一直被壓抑的舊傷。這個「重建工作」其背後的概念是，清除痛苦的記憶有助於緩和仍在疼痛的傷口，否則它們會比當初出現時更嚴重。

在二十世紀後半葉，心理學發起了「認知革命」後，許多研究將重心轉向個體當下體驗世界的方式。認知心理學家擔心，人們總是被自己的過去所束縛，受到自己不記得的事件所驅使。從認知的觀點來看，人類在本質上是更主動、更會學習的，若能鼓勵人們以更理性、穩定和積極的方式思考人生，他們便更有能力處理當下的問題並掌握機會。也就是說，為了發揮健全的心理功能，我們實際上該有些作為。這種觀念完全體現在認知行為療法（cognitive behavioral therapy）中，並透過相應的東方靈性思想與實踐而得到強化。冥想和瑜珈都在強調「如是存在」的價值，透過這些迷人的方法，我們就能將思緒集中在當下。對於重視西方傳統的古典哲學家來說，認知行為療法與斯多葛派哲學的觀念非常類似，也就是說，建立強大的思維習慣，運用它們來穩定當下的情緒，進而重新定義並改善自身的經驗。

近來，心理學界的焦點放在目標及期許對身分認同和自我發展的影響。心理學家塞利格曼在其著作中所提到的「前瞻性思維」[7]，為這一學派奠定了理論基礎。整體上來說，想像充滿希望的願景、找到主動和適應的方法、推動各方面的發展，會比沉溺於過去的問題更有益而有效。雖然有點違反直覺，但未來對自我發展的影響的確比過去和現在更重要。人類總是被自己的想像力「吸引到未來」，也確實因此塑造了自己的命運。這個概念與塞利格曼的「正向心理學」運動一致，旨在發展更高的能力，例如創造力和精神力量。[8]

我的目的發展論也非常接近塞利格曼的前瞻性思維以及正向心理學。本質上，目的是以未來為導向的。有明確目的的人會著眼於長遠目標，而這種前瞻性的自我承諾能帶來動力、能量、希望和韌性。正如各種對未來的展望，目的也有助於推動自我成長。這是一個解放性的觀點：命運並不總是由過去的事件所決定，無論這些經歷多麼強烈或傷人。想法和想像力能為個人創造自主性，並決定人生和身分的發展。

儘管如此，過去的經歷確實是不能忽視，但關注當下的經驗也很重要。每個心理學派都會強調：過去、現在和未來都在形塑自我觀點的過程中佔有一席之地。雖然各派心理學方法有所差異，會分別側重於過去、現在或未來，但這屬於學術上的發展與分野，而不是自我成長的實際過程。在不同的心理學方法中，我們應該掌握的要點是：生命中的所有時刻，從遺忘的源頭到想像的未來，都在為自我定義和潛在發展提供養分。我們應當積極地尋找這些材料，並將其整合成一個連貫、實在而令人滿足的願景。不論你過去的認同、當下的身分或及對成長與老年生活的期待，都能放進這片藍圖中。

只要持續不斷地反思想要追求的目的和建立的身分，那麼個人成長的可能性在一生中都不會終止。但成長需要時間，而且很少是直線發展的。心理發展會有許多曲折，其中包含無法以單一理論來解釋的矛盾之處。在發展心理學的專業領域中，我特別著迷於人類複雜、長遠且常常相互抵觸的成長歷程。探索它是我在這個領域的工作樂趣，事實上，這也包括回顧我本人與我父親的經歷。

圓滿的自我認同發展包含了健全性與人生目的，而從我的生命回顧來看，這項追尋有四個悖論：

（1）想要培養正向展望未來的能力，就要以開放和坦誠的態度回顧過去，承認遺憾和接受負面事件。

（2）自傳式的探索能加深對自我的理解，但這又有賴於去深入認識那些在無形中影響你形成身分認同的人。

（3）認真看待做過的事、正在做的事以及即將要做的事，才能形塑完整的身分認同。你的一切都很重要，但過度強調的話，又會膨脹自我的重要性，產生有害的自我關注。回顧生命歷程時，謙遜是必不可少的態度。

（4）目的對自我有益，因為你得做出承諾，致力於對自身以外的世界有所貢獻。因此，目的有助於培養韌性和能量，同時防止怠惰消沉和自私自利。

我們在生活中所做的每個選擇，多少都取決於你的身分認同以及想要成為的樣貌。因此，自我認同在日常生活中是非常強大的驅力。它塑造了我們得承擔的風險、想要實現的願望以及想追求的平凡或崇高的目的。不過，自我認同並不是與生俱來的，而且我們可以有意識地修正它。從某種意義上說，我們可以（也應該）決定自己想成為什麼樣的人，這也同時是在積極地創造自己的未來。

致謝

家人、朋友、同事及一路上遇到、樂於相助的人們，謝謝你們給的建議、支持和資訊，這本書才得已問世。

首先要謝謝我的女兒瑪麗亞，她主動揭開了我父親的人生故事之謎，讓我得以展開探索。我要感謝瑪麗亞和她的妹妹卡洛琳，她們到泰國去訪問了我父親的妻子和家人。至於在父親出生地和第二個家庭的家人，我非常感謝他們的慷慨。當我向他們自我介紹時，他們熱情地迎接我。我的大恩人是我維娜姑姑（Verna Matthews），遺憾的是，她不久前去世了。維娜是本書重要的資訊來源，在我認識她的短短七年裡，她也很照顧我。我很想念她。維娜的兒子克里斯和凱已成為我最親近的「新」表兄弟，他們提供了重要的洞見和情感支持。同樣地，我的「新」同父異母的妹妹蘇瑪莉和拉萬，也為我提供了關於父親的第一手描述，這對於我的探索十分重要。更重要的是，她們為我的家庭生活增添珍貴的成員，我非常珍惜與她們以及她們傑出的孩子Albert、Philip、Prae和Phoom共度的時光。

我為這本書所做的研究包括採訪、線上搜尋以及跑遍國內外的圖書館和檔案館。在菲利普斯學院的檔案及特別收藏部主任Paige Roberts的大力協助下，我順利取得了學校記錄。Paige在我心中就像天使般存在的檔案管理員。我還獲得了哈佛大學、波士頓天主教區、英國戰爭博物館和國家人事記錄中心等機構的寶貴協助。

我不是受過專業訓練的歷史學家，關於歷史研究我還有很多東西要學。我要感謝胡佛研究所圖書檔案館館長Eric Wakin，感謝他的寶貴說明，讓我更了解我父親的外交工作以及泰美關係。紐約哈佛俱樂部的圖書館員James Harney為我找到了朱利安・巴哈（Julian Bach）的*America's Germany*一書，讓我如實地了解戰後的德國佔領區，以及我父親在其中所扮演的角色。紐約哈佛俱樂部也保存著校友檔案，我用它們找到父親及他大學室友多年來的下落。

關於敘事訪談技巧和非虛構敘事，很多我還需要學習。感謝Elsa Walsh的建議，我才得以挽救之前尚未發現到的關鍵事實。Ellen Daly是我心目中最優秀的敘事寫作老師；我非常喜歡和她一起工作，並從她睿智的建議中持續獲益。我前往麻州匹茲菲朝聖、並在父親兒時的高爾夫球場打球時，我的朋友布朗克夫婦（Kendall and Brian Bronk）和馬修·基廷（Matthew Keating）慷慨地幫助了我。

伊莎·華納（Iza Warner）是最佳的資訊來源，讓我得知父親在德國生活的樣貌。她的敘述非常精彩，令人聽得很令人開心，也切中了我要尋求的資訊。認識伊莎和她優秀的女兒Barbara和Daphne，是我在尋找家人過程中的寶貴收穫。我的理察舅舅和菲莉絲舅媽，以及我母親的表哥格里，也為我提供了重要的資訊。我與理察和格里見面後，他們都相繼去世了，而我父親的同伴也大多去世了。我與父親的第二任妻子吉娜維芙熱烈地交談，得知了許多生動的第一手資訊，包括他們在德國相識的過程，以及在泰國的生活點滴。吉娜維芙是位優雅的貴婦，聽她熱情地談論夫妻在一起的歲月，確實令人感動。遺憾的是，就在本書即將出版之際，她也去世了。

我在第六章談到我的職涯發展時，納入了「我的研究生活與時代」一節，那是我為*The Developmental Science of Adolescence: History through Autobiography*所撰寫的文章，是由R. M. Lerner、A. C. Petersen、R. K. Silbereisen和J. Brooks-Gunn所編輯，Psychology Press

所出版。感謝 Routledge Psychology 出版社的 Helen Pritt 的親切協助，確保我能夠在本書中使用這些資料。關於我打高爾夫球的經歷，其內容最早刊登在英國雜誌 *Psychology in Practice*，時間是二〇一九年十二月十三日，感謝總編輯 Nikki Lucas-Krol 的安排與編輯。

在本書的寫作過程中，我得到了廣大的幫助。Susan Arellano，她是我前三本書的編輯，她再次於寫作過程中的每一階段提供了她出色的編輯視野。頂尖的文學經紀人 Jim Levine 從一開始就幫助我制定了這本書的方向。Ellen Daly 也是 Jim 介紹給我認識的，正如我所指出的，她給了我關於敘事作品的寶貴建議，並精準地幫我修正初稿。Dan Reilly 對標題和章節順序提出了極佳的建議。感謝 John Osborn、Bob King、Michael Grossmann、Tom Rosenstiel、John Gomperts、Connie Wolfe 和 Marc Freedman 等朋友的建議和支持，這些意見和支持幫助了我許多。我出色的辦公室工作人員 Lisa Staton 和 Elissa Hirsh 為這本書的專案研究提供了顯著幫助。感謝 Anne Colby 提供了與本書相關的一切，以及所有其他種種。

2. M. Murphy, *Golf in the Kingdom* (New York: Viking, 1972).
3. 我懷著忐忑不安的心情加了這條註釋，而讀者應該會以為我個沒救的高爾夫邪教徒。我那天用的球是稍早去厄普代克家鄉的球場朝聖時買的。在聖安德魯斯，我打得比平常還要好，從開球區擊出八十五桿，打出著名的「路洞」(蘇格蘭球僮有在記分卡上明確記錄)。更不可思議的是，在整個球場的十八洞中，我從未弄丟這顆球。它現在還在我的籃子裡，沒有任何明顯的痕跡，跟全新的一樣。這聽起來是不是很神秘？

第八章

1. R. Emmons, *Thanks! How the New Science of Gratitude Can Make You Happier* (New York: Hachette Book Group, 2007).
2. H. Malin, P. Ballard, and W. Damon, "Civic Purpose: An Integrated Construct for Understanding Civic Development in Adolescence," *Human Development* 58:103–130.
3. S. J. Cramer, ed., *I to Myself: An Annotated Selection from the Journal of Henry D. Thoreau* (New Haven, CT: Yale University Press, 2007).
4. For one of the finest treatments of aging gracefully, see M. Freedman, *How to Live Forever: The Enduring Power of Connecting the Generations* (New York: Hachette Book Group, 2018).
5. 馬克・費里德曼稱這種無意義的的老去為「黃金歲月神話」。華理克牧師在一次精彩的演講中提到，他要抵抗「退休後去陽光明媚的海灘上在傘下小酌」的想法。每當我想著要如何度過退休後的時光時，這個畫面總是令我會心一笑。
6. Barbara Haight and Jeffery Webster, *The Art and Science of Reminiscing: Theory, Research, Methods, and Applications* (Washington, DC: Taylor and Francis, 1995).
7. Martin E. P. Seligman, Peter Railton, Roy F. Baumeister, and Chandra Sripada, *Homo Prospectus* (New York: Oxford University Press, 2017).
8. C. Peterson and M. Seligman, *Character Strengths and Virtues: A Handbook and Classification* (New York: Oxford University Press, 2004).

20. W. Damon, *The Social World of the Child* (San Francisco: Jossey-Bass, 1977).
21. W. Damon, "The Development of Justice and Self-Interest during Childhood," in *The Justice Motive in Social Behavior*, ed. M. Lerner (New York: Plenum Press, 1981), 57–72; W. Damon and M. Killen, "Peer Interaction and the Process of Change in Children's Moral Reasoning," Merrill-Palmer Quarterly 28 (no. 3): 347–367.
22. W. Damon and A. Colby, *The Power of Ideals: The Real Story of Moral Choice* (New York: Oxford University Press, 2015).
23. A. Colby and W. Damon, *Some Do Care: Contemporary Lives of Moral Commitment* (New York: The Free Press, 1992).
24. https://www.thegoodproject.org.
25. 我在本書的第三章有提到研究計劃的第三階段（即最新階段）的核心發現。
26. B. Benard, *Fostering Resiliency in Kids: Protective Factors in Family, School, and Community* (Berkeley, CA: West Ed, 1991); Emmy E. Werner, *Through the Eyes of Innocents* (New York: Basic Books, 2001); K. Weir, "Maximizing Children's Resilience," in *Monitor on Psychology* (Washington, DC: American Psychological Association, 2017).
27. H. Gardner, *The Quest for Mind* (New York: Random House, 1972).
28. E. L. Simpson, "Moral Development Research: A Case Study of Scientific Bias," *Human Development* 17: 81–106.
29. R. Brown and R. Herrnstein, *Psychology* (Boston: Little, Brown, 1975).
30. W. Damon, ed., *Handbook of Child Psychology: The Fifth Edition*, 4 vols. (New York: John Wiley and Sons, 1996); W. Damon and R. Lerner, eds., *Handbook of Child Psychology: The Sixth Edition*, 4 vols. (New York: John Wiley and Sons, 2006).
31. W. Damon, *The Moral Child: Nurturing Children's Natural Moral Growth* (New York: The Free Press, 1990). Translated into Italian, Japanese, German, Chinese, Polish, Korean, and Danish, 1995–2004.
32. W. Damon, *Greater Expectations: Overcoming the Culture of Indulgence in Our Homes and Schools* (New York: The Free Press, 1995).
33. W. Damon, *The Youth Charter: How Communities Can Work Together to Raise Standards for All Our Children* (New York: The Free Press, 1997).
34. See the Stanford Center on Adolescence publications web page: https://coa.stanford.edu/publications.

第七章

1. 我用「偉大比賽」來描述是經過認真思考的，不只是因為它在高爾夫文獻中很常見，還因為它還代表專業高爾夫選手看待這項運動的嚴肅態度。高爾夫界流傳了一則笑話：「人們常說高爾夫如人生，但事實上是人生如高爾夫。」之所以要提到高爾夫球的「智慧」，是為了強調，我自己的高爾夫球經驗是值得探索的案例，還能闡述我在生命回顧中得出的見解。

第六章

1. J. Bach, America' Germany: An Account of the Occupation (New York: Random House, 1946), 11.
2. Bach, America's Germany, 99.
3. Bach, America's Germany, 4.
4. Bach, America's Germany, 151.
5. Bach, America's Germany, 229.
6. R. Jeffers, The Double Axe (New York: Random House, 1947), viii.
7. Daniel Fineman, *A Special Relationship: The United States and Military Government in Thailand, 1947–1958* (Honolulu: University of Hawai'i Press, 1997).
8. Paul Handley, *The King Never Smiles* (New Haven, CT: Yale University Press, 2006).
9. Medium.com. https://medium.com/@robertrochlen/in-1956-kukrits-wife-or-ex-wife-who-worked-for-usis-with-my-father-told-my-father-that-the-4d2d61b0ad5e.
10. 布羅克頓在全盛時期曾經有七十家的鞋廠，一度被稱為「世界鞋都」。不久前，我看了一部一九二〇年代的默片，裡面在紐約市的街景有個招牌寫著「來買你的布羅克頓鞋吧」。在我出生的時候，布羅克頓的製鞋工廠大多已遷至南方或破產，成為新英格蘭高勞動成本和大蕭條的受害者。在我童年時期，這個城市仍陷在經濟蕭條之中。
11. IN. J. Cabrera and C. S. Tamis-LeMonda, eds., *Handbook of Father Involvement: Multidisciplinary Perspectives* (Oxford: Taylor and Francis, 2013); H. S. Goldstein, "Fathers' Absence and Cognitive Development of Children over a 3- to 5-Year Period," *Psychological Reports* 52, no. 3: 971–976; M. Shinn, "Father Absence and Children's Cognitive Development," *Psychological Bulletin* 85, no. 2: 295–324.
12. M. Leidy, T. Schofield, and R. Parke, "Father's Contributions to Children's Social Development," in *Handbook of Father Involvement: Multidisciplinary Perspectives*, ed. N. J. Cabrera and C. S. Tamis-LeMonda (Oxford: Taylor and Francis, 2013)
13. Goldstein, "Fathers' Absence and Cognitive Development of Children over a 3- to 5-Year Period."
14. Mihaly Csikszentmihalyi, *Creativity: Flow and the Psychology of Discovery* (New York: Harper Perennial, 2009).
15. W. Damon, "Good? Bad? Or None of the Above? The Time-Honored Unavoidable Mandate to Teach Character," *Education Next* 5 (2): 20–28.
16. J. M. Mariano and W. Damon, "The Role of Spirituality and Religious Faith in Supporting Purpose in Adolescence," in *Positive Youth Development and Spirituality: From Theory to Research*, ed. R. Lerner, R. Roeser, and E. Phelps (West Conshohocken, PA: Templeton Foundation Press, 2008), 210–230
17. W. Damon, "Why Study Social-Cognitive Development?" *Human Development* 22: 206–212.
18. W. J. Livesly and D. B. Bromley, *Person Perception in Childhood and Adolescence* (London: Wiley, 1973).
19. L. Kohlberg, "The Study of Moral Development," in *Moral Development and Behavior*, ed. T. Lickona (New York: Holt, Rinehart, and Winston, 1976).

5. Damon, *Path to Purpose*. 或另見 Stanford Center on Adolescence, https://coa.stanford.edu.
6. Peter Benson, *Sparks: How Parents Can Help Ignite the Hidden Strengths of Teenagers* (San Francisco: Jossey-Bass, 2008).
7. 費里德曼的安可計劃，詳見 https://encore.org/.
8. M. J. Bundick, K. Remington, E. Morton, and A. Colby, "The Contours of Purpose beyond the Self in Midlife and Later Life," *Applied Developmental Science*, 1–21, DOI: 10.1080/10888691.2018.1531718.
9. 這裡指的是我在布羅克頓的生活圈，而不是菲利普斯學院。學校長久以來值得讚揚的是，它總是歡迎「努力」但沒有經濟背景的男孩。學校的章程於一七七八年制定，校方承諾，會致力於教育「來自不同區域的年輕人」。它一直堅守這項使命。儘管如此，可是肯定的是，如果沒有某種特別的家庭關係，我這個布羅克頓的男孩永遠不會知道這所學校。

第四章

1. 自我回訪以來，學校翻新了這座神聖的圖書館，並將檔案移至校園中央建築的地下室。想到我回去探訪時感受到的迷人氛圍，我很慶幸這個翻新沒有太早進行。
2. 網路字典 Lexico.com: https://www.lexico.com/definition/character.
3. 寫下這些話時我還想到，我那些關於「超越自我」和探討人生目的的著作，可以一路追溯到我在安多佛時期所接受的性格養成教育。
4. Peter Schweizer and Rochelle Schweizer, *The Bushes: Portrait of a Dynasty* (New York: Doubleday, 2017).
5. Schweizer and Schweizer, *The Bushes*, 64.
6. A. Duckworth, *Grit: The Power of Passion and Perseverance* (New York: Scribner, 2016).
7. Richard M. Lerner, *Concepts and Theories of Human Development* (Oxford: Taylor and Francis, 2018).
8. W. Damon, *The Path to Purpose: How Young People Find Their Calling in Life* (New York: The Free Press, 2008); Duckworth, *Grit*.

第五章

1. 相關紀錄應該存放於國家人事記錄中心（National Personnel Records Center）。不過，在一九七三年七月十二日，一場大火燒毀了一九一二至一九六四年共一千六百萬個退伍軍人的紀錄，當中也包括我父親的。
2. A. Duckworth, *Grit: The Power of Passion and Perseverance* (New York: Scribner, 2016).
3. W. Damon and A. Colby, *The Power of Ideals: The Real Story of Moral Choice* (New York: Oxford University Press, 2015); A. Colby and W. Damon, *Some Do Care: Contemporary Lives of Moral Commitment* (New York: The Free Press, 1992).

7. Willoughby Tavernier, "Adolescent Turning Points: The Association between Meaning-Making and Psychological Well-Being," *Developmental Psychology* 48, no. 4 (2012): 1058–1068.
8. J. J. Bauer, D. P. McAdam, and A. R. Sakaeda, "Interpreting the Good Life: Growth Memories in the Lives of Mature, Happy People," *Journal of Personality and Social Psychology* 88, no. 1 (2005): 203–217; M. Pinquart and S. Forstmeier, "Effects of Reminiscence Interventions on Psychosocial Outcomes: A Meta-Analysis," *Aging and Mental Health* (2012): 1–18.
9. James Birren and Betty Birren, "Autobiography: Exploring the Self and Encouraging Development," in *Aging and Biography*, ed. James E. Birren (New York: Springer, 2004), 34–48.
10. Birren and Birren, "Autobiography," 28.
11. Timothy Hoyt and Monisha Pasupathi, "The Development of Narrative Identity in Late Adolescence and Emergent Adult," in *Developmental Psychology* 45, no. 2 (2009): 558–574; Jack Bauer and Dan McAdams, "Personal Growth in Adults' Stories of Life Transitions," *Journal of Personality* 72, no. 3 (2004): 573–602
12. R. Butler, "Foreword: The Life Review," in *The Art and Science of Reminiscing: Theory, Research, Methods, and Applications*, ed. B. Haight and J. Webster (Washington, DC: Taylor and Francis, 1995), xx–xxi.
13. Paul T. P. Wong, "The Process of Adaptive Reminiscences," in *The Art and Science of Reminiscing: Theory, Research, Methods, and Applications*, ed. B. Haight and J. Webster (Washington, DC: Taylor and Francis, 1995), 23–24.

第二章

1. 美國新聞署是美國國務院下屬的「文化部門」，是為了向世界各國傳遞美國民主傳統以及美式生活最好的一面，以免它們被共產主義或其他極權體系的宣傳所誘惑。「文化」工作涉及的層面很廣，如藝術、地理知識、新聞、政治評論與宣傳。新聞署在各國的分站也負責蒐集輿情，據說他們的工作也跟美國情報部門有關。
2. T. Brokaw, *The Greatest Generation* (New York: Random House, 1998).

第三章

1. For Steve Jobs's Stanford commencement address, see "You've Got to Find What You Love," *Stanford News*, June 14, 2005, https://news.stanford.edu/2005/06/14/jobs-061505/.
2. 如何面對難以承受的悲劇？深入的看法請見D. Van Tongeren and S. Vantongeren, *The Courage to Sufer: A New Clinical Framework for Life's Greatest Crises* (West Conshohocken, PA: Templeton Press, 2020).
3. Atul Gawande, *Being Mortal: Medicine and What Matters in the End* (New York: Henry Holt & Co., 2014).
4. W. Damon, *The Path to Purpose: How Young People Find Their Calling in Life* (New York: The Free Press, 2008). 世界各地也有類似的統計研究，詳見Stanford Center on Adolescence, https://coa.stanford.edu/.

註釋

第一章

1. V. E. Frankl, Man's Search for Meaning: An Introduction to Logo-Therapy (Boston: Beacon, 1959).
2. M. E. P. Seligman and M. Csikszentmihalyi, "Positive Psychology: An Introduction," *American Psychologist* 55 (2000): 5–14; and M. E. P. Seligman, T. A. Steen, N. Park, and C. Peterson, "Positive Psychology Progress: Empirical Validation of Interventions," *American Psychologist* 60 (2005): 410–421.
3. B. Haight and J. Webster, eds., *The Art and Science of Reminiscing: Theory, Research, Methods, and Applications* (Washington, DC: Taylor and Francis, 1995); D. Rubin, ed., *Remembering Our Past* (New York: Cambridge University Press, 1996); James E. Birren, ed., *Aging and Biography* (New York: Springer, 2004); J. E. Birren andD. E. Deutchman, *Guiding Autobiography Groups for Older Adults* (Baltimore and London: Johns Hopkins University Press, 1991); D. McAdams, "The Psychology of Life Stories," *Review of General Psychology* 5, no. 2 (2001): 100–122; E. Bohlmeijer, M. Roemer, P. C. Smit, and F. Smit, "The Effects of Reminiscence on Psychological Well-Being in Older Adults: A Meta- Analysis," *Aging and Mental Health* 11, no. 3 (2007): 291–300; U. M. Staudinger, "Life Reflection: A Social-Cognitive Analysis of Life Review," *Review of General Psychology* 5 (2): 148–160; D. P. McAdams and K. C. McLean, "Narrative Identity," *Current Directions in Psychological Science* 22, no. 3 (2013): 233–238; Stanton Wortham, "Narrative Self-Construction and the Nature of Self," in *Narratives in Action* (New York: Teachers College Press, 2001), 136–156; J. M. Adler, W. L. Dunlop, R. Fivush, J. P. Lilgendahl, J. Lodi-Smith, D. P. McAdams, K. C. McLean, M. Pasupathi, and M. Syed, "Research Methods for Studying Narrative Identity: A Primer," *Social Psychological and Personality Science*, 8 (2017): 519–527.
4. R. Butler, "Foreword: The Life Review," in *The Art and Science of Reminiscing: Theory, Research, Methods, and Applications*, ed. B. Haight and J. Webster (Washington, DC: Taylor and Francis, 1995), xvii.
5. "Study of Lives Research Group" website on its "Instruments" webpage: https://sites.northwestern.edu/thestudyoflives researchgroup/instruments/.
6. 偉大的心理學家奧爾波特在二十世紀初提出「通則性」（nomothetic）和「個別性」研究（idiog-raphic）的區別。通則性研究（如麥亞當斯的研究）是在觀察特定模式，以解釋人口中的普遍發展趨勢。當然，每種類型的研究都可以為另一種類型的研究提供參考資訊。我在本書中的研究受益於通則性研究的成果。我希望它有助於其他學者去研究人類發展的廣泛模式。

人生顧問 518

和父親打一場高爾夫：尋回失落的家庭記憶，史丹佛心理學家的重啟人生之旅

A Round of Golf with My Father

作　者—威廉．戴蒙（William Damon）
譯　者—李伊婷
責任編輯—許越智
責任企畫—張瑋之
美術設計—陳文德
內文排版—張瑜卿
總 編 輯—胡金倫
董 事 長—趙政岷
出 版 者—時報文化出版企業股份有限公司
一〇八〇一九臺北市和平西路三段二四〇號一至七樓
發行專線／（〇二）二三〇六—六八四二
讀者服務專線／〇八〇〇—二三一—七〇五、（〇二）二三〇四—七一〇三
讀者服務傳真／（〇二）二三〇四—六八五八
郵撥／一九三四四七二四時報文化出版公司
信箱／一〇八九九臺北華江橋郵局第九九信箱
時報悅讀網—www.readingtimes.com.tw
法律顧問—理律法律事務所　陳長文律師、李念祖律師
印　刷—勁達印刷有限公司
初版一刷—二〇二四年三月二十二日
定　價—新台幣三八〇元
版權所有　翻印必究（缺頁或破損的書，請寄回更換）

時報文化出版公司成立於一九七五年，並於一九九九年股票上櫃公開發行，於二〇〇八年脫離中時集團非屬旺中，以「尊重智慧與創意的文化事業」為信念。

和父親打一場高爾夫：尋回失落的家庭記憶，史丹佛心理學家的重啟人生之旅／威廉．戴蒙（William Damon）著；李伊婷譯
--- 初版 --- 臺北市：時報文化出版企業股份有限公司，2024.3
面；14.8×21公分．---（人生顧問518）
譯自：A Round of Golf with My Father
ISBN 978-626-374-988-7（平裝）
1.CST: 戴蒙 (Damon, William, 1944-)　2.CST: 傳記
3.CST: 親子關係　4.CST: 父親
785.28　　113002077

A ROUND OF GOLF WITH MY FATHER by William Damon
Copyright©2021 by William Damon
Published by arrangement with author c/o Levine Greenberg Rostan Literary Agency through Bardon-Chinese Media Agency
Complex Chinese edition copyright©2024 China Times Publishing Company
All rights reserved.

ISBN 978-626-374-988-7　Printed in Taiwan